教科書と一緒に読む

海峡地域の歴史

——津軽・下北・道南——

大谷伸治
小瑶史朗
篠塚明彦
瀧本壽史

編著

はじめに

　「私たちが暮らす地域は、どんな歴史を歩んできたのだろうか」。歴史教科書を用いて行われる学校での授業は、そうした問いかけに十分に応えてくれているであろうか。やむをえないことではあるが、歴史教科書はすべての地域をカバーすることはできない。とりわけ、現在の青森県を含む北東北地域は、ある時期まで中央政権の勢力外にあったことから、歴史教科書掲載地図においても「空白地」として表現されていたり、地図から除外されていたりする場合もある。だが、いうまでもなく北東北地域にも古くから人々が暮らし、歴史は存在している。そして、それを知りたいと願う子どもたちもいるはずである。幸いなことに、自分たちの地域のことを知りたいという願いに応えようとする歴史家たちの仕事も豊富に蓄積されている。

　私たちはこのような認識に立ち、中央史を基調とした歴史教科書と地域の歴史研究の成果とを有機的に関連づけて、学校の歴史授業に活用できる素材や視点などの提供を目的として、2019年に『教科書と一緒に読む　津軽の歴史』（弘前大学出版会、以下、本書では『津軽の歴史』と記載）を刊行した。本書はその第2弾として企画したものである。なお、ここでいう「教科書」は小学校や高等学校の授業への応用を考え、中学校の教科書に照準を定めている。

　『津軽の歴史』刊行の背景には、大きな転換期を迎えている歴史教育の動向もあった。とりわけ、高等学校では科目再編が進められ、2022年度から「歴史総合」、「日本史探究」、「世界史探究」という新科目が設置された。そこでは、地域史／日本史／他国史・世界史を往還する見方・考え方の育成が重要な論点として浮上している。『津軽の歴史』はこうした動向を受け止め、「地域」に軸足を置いて日本史や世界史との関わりを探究する1つの試みでもあった。

　そのため、私たちは次の3つの視点を重点的に掘り下げることを意識して執筆した。本書においても基本的にこれらを踏襲している。

　1点目は、歴史教科書の叙述内容を深めるべく、その具体的事例として地域史を位置づける視点である。その際、地域が備えている固有性や特質にも目を向けている。

　2点目は、日本列島を構成する諸地域や東アジア世界、より広域の国際秩序

との繋がりを重視した点である。自己完結的な地域の歴史ではなく、地域に流出入するモノや人、情報などに着目し、その越境的な移動を促した歴史的な背景や制度・条件などを探っている。

　3点目は、人々の「生」に迫る視点である。子どもたちはその土地で生きた人々の生活の具体的な様相や感情・意識に触れることによって、自らに関わる問題として歴史と向き合うことができるのではないか、と考えたからである。

　この3点を掘り下げながら『津軽の歴史』を執筆するなかで、私たちが思っていた以上に強く感じたのは、津軽海峡に面した「津軽」「下北」「道南」地域の強い相互関係性であった。そこには、人・モノ・情報等の頻繁な往来があり、津軽海峡とともに生きる人々の共通した姿があった。これらの地域を、海峡を共有し海峡によって結ばれた地域＝「海峡地域」として通史的に捉えていったとき、新たな歴史像、地域像が浮かび上がってくるのではないか。『津軽の歴史』に次いで本書『海峡地域の歴史』を企画したのはこのような経緯からであった。「海峡」は自然地形ではあるが、人工の「運河」同様の働きをも持っている。そこに生きた人々を描きながら、「海峡」＝「分断」「境界」ではない、「海峡」の持つ働き、歴史性に迫ることができればと考えている。

　今回は特に道南地域が加わったことから、『津軽の歴史』以上に海峡地域を鮮明化する視点を用意することとした。1つは近代以降の国民国家の枠組み・地域区分・境界観念を見直すこと、1つは日本史の従来の時代区分を問い直すこと、1つは北海道・本州いずれにも居住したアイヌ民族との関わりを重視すること、の3点である。本書では、これらの点を明確にするため、最初に総論「海峡地域で育む歴史の見方・考え方」を置き、「境界」「時代区分」「民族」を取り上げた。また、本書の構成も総論をふまえ、仮説としてではあるが、「海峡地域」の歴史的特質に着目した時代区分として、海峡地域の「成立」「変容・動揺」「分断・交流」「再編と新展開」の4部構成とした。これによって「海峡地域」独自の歴史像、地域像を描き出したいと考えた次第である。大方のご批正を賜れば幸いである。

　なお、各部を構成する章・項目は、以上の認識に立ちながらも、その題材に応じて濃淡が異なっていたり、私たちの力量不足のために十分に反映できなかったりした部分もあるかもしれない。さらに、「地域」は時代によって、また「地

域」を結びつける共通の課題・状況によって、その広がりは一定ではなく、直面する課題によっては時代も空間も超えて結びつく多様な「地域」も設定することができる。したがって、本書で示した問題関心とは異なる枠組み・視角から海峡地域の歴史にアプローチする発想も多々あり得るはずである。執筆者に北海道の教員・研究者を加え、海峡の「北から南」「南から北」の双方向から海峡地域を捉えようとしたのも、より多角的なアプローチを意識したからである。これらの点についても、忌憚のないご意見をいただければ幸いである。

　最後に、本書の構成上の工夫点について触れておきたい。本書が主たる読者として想定したのは、歴史教科書だけでは子どもたちの学習意欲を喚起することが難しい状況のなかで、日々の授業づくりに奮戦している先生方である。そのため、本書ではまず、各章の冒頭に「教科書では」という項目を設け、既存の歴史教科書と各章との対応関係を整理し、教科書を深めていく視点や教科書から欠落している視点、教科書から浮上してくる疑問などを提示している。小見出しも授業での「発問」を意識して、なるべく子どもたちが関心を持ちそうな言葉、表現を用いるよう努めた。また、各部にトピック的な「コラム」を配置し、多くの章に「もっと知りたい人のために」という項目を設けたのも、先生方の教材研究の一助となることを念頭に置いてのものである。そして、各章末尾の「参考文献」はできるだけ入手しやすい文献を選定するよう心がけた。ただし、『青森県史』などの関係自治体史については繰り返し提示する煩雑さから参考文献では省略し、本文でも最小限の出典明記に留めた。また、執筆者が撮影・作製した写真・図版については出典を省略した。なお、本文中の研究者名、著者名などについても敬称を省略させていただいた。

　本書は『津軽の歴史』同様、特に北東北・北海道の地域史研究に携わってこられた方々の仕事に多くを依拠している。魅力的な素材と分厚い研究蓄積が存在するにもかかわらず、残念なことにその成果が学校現場に十分に生かされているとは言いがたい状況にある。これまでの地域史研究の成果に敬意を払うとともに、今後、歴史教育と歴史研究の交流がいっそう活発となることを期待したい。そして、本書がその契機の1つとなることができれば望外の喜びである。

大谷伸治・小瑶史朗・篠塚明彦・瀧本壽史

教科書と一緒に読む　海峡地域の歴史
―津軽・下北・道南―

＜目　次＞

はじめに・・・・・・・・・・・・・・・・・・・・・・・・・・　I

総論 I　海峡地域で育む歴史の見方・考え方①・・・・・・・小瑶史朗　　8
　　　　「境界」から歴史をみつめる
　　津軽海峡は「北のはずれ」か？／「境界」をまなざす

総論 II　海峡地域で育む歴史の見方・考え方②・・・・・・・大谷伸治　　10
　　　　「日本史」の時代区分を問い直す
　　新学習指導要領による中学校歴史教科書の時代区分論の変化／先住民族史と
　　しての「アイヌ史」の時代区分／「北のボカシの地域」としての北東北と道
　　南―海峡地域の時代区分―

総論 III　海峡地域で育む歴史の見方・考え方③・・・・・・・篠塚明彦　　14
　　　　民族の有り様を動態的に捉える　　　　　　　　　　小瑶史朗
　　　　　　　　　　　　　　　　　　　　　　　　　　　　大谷伸治

《 第 I 部　海峡地域の成立》

1．世界遺産になった「津軽海峡文化圏」の縄文世界・・・・工藤　廉　　18
　　　　　　　　　　　　　　　　　　　　　　　　　　　　大谷伸治
　　「津軽海峡文化圏」の「顕著な普遍的価値」／縄文時代はいつから？―北東
　　アジア最古の土器の衝撃―／貝塚は単なるゴミ捨て場ではない！―捨て場は
　　神聖な「送り場」―／環状列石の秘密／亀ヶ岡文化の漆工芸にみる縄文文化
　　の成熟

コラム 1　北海道と本州の違いは弥生時代から？・・・・・大谷伸治　　26
　　　　　　―縄文人の虫歯率―

2．水田稲作を途中でやめた／採用しなかった人々・・・・・大谷伸治　　28
　　　　―東北北部の「弥生文化」と続縄文文化―
　　水田稲作はどのようにして東北北部へ伝わったのか？／稲作農耕から狩猟採
　　集主体の生活に戻ることは「退歩」か？／利根川以北は「弥生文化」か？／
　　単なる縄文の続きか？―漁労への特化―／続縄文前期の交易―東北北部との

交流―／続縄文後期の交易―「アイヌ史的古代」の始まり―

3．大陸の文化と本州の文化の出会い・・・・・・・・・・・・・篠塚明彦　36
　　　―オホーツク文化と擦文文化―
　　海岸近くで見つかった謎の文化／オホーツク人とは何者か？／なぜ下北半島
　　にオホーツク土器が？／北海道で何が起こっていたのだろう？／擦文人・エ
　　ミシ・ヤマト

4．「アイヌ文化」の成立　・・・・・・・・・・・・・・・・・・谷本晃久　44
　　　―エミシ・エゾ・アイヌ史―
　　アイヌ史の連なり／「アイヌ文化」とは？／アイヌ史の広がり／エミシから
　　エゾへ／チャシとイオマンテの時代

《 第Ⅱ部　海峡地域の変容・動揺 》

5．海を渡った壺・・・・・・・・・・・・・・・・・・・・・・金子勇太　54
　　　―北方世界と平泉政権―
　　北海道厚真町で発見された常滑焼／どのようにして奥州藤原氏は、平泉政権
　　を誕生させたのか？／平泉政権とは？／平泉以前の北方交易はどのようなも
　　のだったのか？／北方世界と平泉政権／物流・交易の発展は北方世界の社会
　　にどのような影響を与えたのか？

6．和人の進出とアイヌ社会の変容・・・・・・・・・・・・・・川端裕介　62
　　和人はいつ蝦夷地に渡ったのか？／昔から昆布は特産品だった／館は何のた
　　めに造られたのか？／和人の館はいくつあったのか？／志海苔の古銭はなぜ
　　埋められたのか？／たくさんの寺院が建てられた意味は？／津軽海峡を結ん
　　だ人・モノ・カネのダイナミックな動き

7．アイヌ民族と和人の衝突・・・・・・・・・・・・・・・・・川端裕介　70
　　　―コシャマインの戦い―
　　『新羅之記録』に信憑性はあるのか？／『新羅之記録』のコシャマインの戦
　　いの記録は正しいのだろうか？／コシャマインの戦いとは、どのようなもの
　　だろうか？／コシャマインの戦いのきっかけは和人の圧迫なのか？／コシャ
　　マインの戦いはどのような背景で起こったのか？／アイヌ民族は北方でどの
　　ような活動をしていたのか？／アイヌ民族と和人は共存したのか？

8．モノから読み解くアイヌ社会への和人文化の浸透・・・金子勇太　78
　　本州からの品物はアイヌ社会でどのように使用されたのか？／アイヌ文化は
　　どのように成立したのか？／アイヌの人々は本州からのモノをどのように使
　　用したのか？／和人社会からの"モノ"がアイヌ社会に与えた影響は何か？

コラム2　地図のなかの海峡と蝦夷地・・・・・・・・・・・・市川晃義　86
　　　海峡の先にあるのは島か大陸か、それとも…？／正しい津軽海峡はいつから
　　　描かれたのか？／林子平の『蝦夷国全図』にみる海峡地域の地理情報

《第Ⅲ部　海峡地域の分断・交流》

9. 松前藩の成立と北奥地域・・・・・・・・・・・・・・・瀧本壽史　90
　　　―海峡地域の分断と交流―
　　　松前藩の成立とアイヌ交易との関係は？／「商場」は生産の「場所」へ／
　　　シャクシャインの戦いがもたらしたものは？／「北狄の押さえ」とは？／海
　　　峡往来は危険だったのでは？／アイヌ文化の受容―和人も着ていたアイヌ衣
　　　服―

10. 弘前藩と盛岡藩による本州アイヌ支配の展開・・・・・・瀧本壽史　98
　　　―「狄」支配と「内国化」「同化」―
　　　アイヌの人々の呼称は居住地域によって違う？／本州アイヌの居住地は変わ
　　　らなかったの？／領内人口に占めるアイヌ人口の割合は？／弘前藩・盛岡藩
　　　のアイヌ支配とアイヌの生活／アイヌ支配の転換―「内国化」と「同化」―

コラム3　海峡を渡った漂流民・・・・・・・・・・・・・・三浦晋平　106
　　　　　―佐井村牛滝の慶祥丸の漂流―
　　　下北からロシアへ―近世の漂流民―／慶祥丸の遭難と乗組員の動向／慶祥丸
　　　の帰還

11. 「内憂」と「外患」の海峡・・・・・・・・・・・・・・鈴木康貴　108
　　　津軽海峡にはどれくらいの外国船が往来したのか？／蝦夷地警備は津軽、下
　　　北の人々に何をもたらしたのか？／蝦夷地警備の様子はどのように描かれた
　　　のだろうか？／領内沿岸防備と台場の設置／蝦夷地への陣屋設置

12. 箱館開港から箱館戦争へ・・・・・・・・・・・・・・・佐藤一幸　116
　　　なぜ、箱館が開港地に選ばれたのか？／人々は当時、どれくらいの情報を得
　　　ていたのだろうか？／開港地箱館の様子はどのようなものだったのだろう
　　　か？／箱館戦争は、どのような戦いだったのだろうか？／戦いの終焉

コラム4　海峡を旅する人々・・・・・・・・・・・・・・・市川晃義　124
　　　円空（1632～1695）／菅江真澄（1754～1829）／松浦武四郎（1818～1888）

《第Ⅳ部　海峡地域の再編と新展開》

13. 青森県の成立と北海道開拓・・・・・・・・・・・・・・國岡　健　128

5つの県が合併したのはなぜか？―青森県の誕生―／北海道の分領支配と開拓／仙台藩伊達家の移住と分領地開拓／分領支配期の和人とアイヌはどのような関係だったか？／北海道旧土人保護法へ

14. 西洋文化の受容・・・・・・・・・・・・・・・・・・・・國岡　健　136
―弘前と函館の女子教育にみる文明開化―
女学生たちはどうして海を越えたのか？／弘前女学校の開校とその教育／「社会の一婦人として」活躍する女学生たち／岩木山登山はどう受け止められたのか？―復古と開化のせめぎあい―／西洋文化受容の心性

15. 帝国の缶詰・・・・・・・・・・・・・・・・・・・・・・小瑶史朗　144
―北洋漁業の拠点となった津軽海峡―
東北・北海道地方で最大の都市は？／樺太アイヌの包摂と排除／日本人漁業者の「躍進」とその背景／蟹工船とは何か？／誰が過酷な労働を担ったのか？

コラム5　津軽海峡と感染症 ・・・・・・・・・・・・・大谷伸治　152
北海道開拓と感染症―結核とマラリア―／漁業出稼ぎと感染症―「スペイン風邪」―

16. 向かい合う「幻の鉄道」・・・・・・・・・・・・・・中野　悠　154
―戦時下の物資輸送―　　　　　　　　　　　　　　小瑶史朗
なぜ津軽海峡は狙われたのか？／2つの「幻の鉄道」／何が鉄道敷設を促したのか？／誰が労働を担ったのか？

17. 敗戦後の津軽海峡は何を繋いだか？・・・・・・・・小瑶史朗　162
　　　　　　　　　　　　　　　　　　　　　　　　篠塚明彦

4つの碑は何を語るか？／「闇市」を繋いだ人々／どうしてトンネルがつくられたのか？／高度経済成長から青函トンネル開業へ

コラム6　アイヌ近現代史とセトラー・コロニアリズム ・・・大谷伸治　170
アイヌ民族に対するマイクロアグレッション／セトラー・コロニアリズム―「現在進行形の植民地主義」を可視化する―

あとがき・・・・・・・・・・・・・・・・・・・・・・・・・・・175

※本書に掲載されている図版の一部について紙幅の都合上、図中の文字・記号が判読しづらい箇所がある。各図版には出典を記載しているので興味のある方は原典や史料を直接参照していただければ幸いである。

総論Ⅰ　　海峡地域で育む歴史の見方・考え方①
　　　　　　「境界」から歴史をみつめる

● 津軽海峡は「北のはずれ」か？

　本州側から津軽海峡を望む龍飛崎（青森県外ヶ浜町）には、昭和演歌を代表
する「津軽海峡・冬景色」の歌碑が建てられている。その歌詞に目を向けると、
竜飛岬は「北のはずれ」とされ、「夜行列車」や「こごえそうな鴎」を登場さ
せながら東京から遠く離れた"辺境"のイメージが押し出されている。同時に、
津軽海峡は「境界」として想像され、別れや涙などを想起させながら海峡を越
えて別世界に向かう心の揺れが表現されている。

　では、学校で使用されている歴史教科書は津軽海峡をどのように描いている
のだろうか。近年の歴史教科書は地域的・民族的な多様性に配慮する姿勢がみ
られるものの、基本的には各時代の政権所在地を中心に叙述する手法が採られ
ている。その枠組みのもとでは、津軽海峡は中央から離れた周辺部に位置づけ
られ、図版資料のなかには東北地方以北を「空白」にした地図や、津軽海峡以
北を省略する地図が特段の説明もなく掲載されており、ともすれば、そこを"後
進地域"や"辺境"と捉える見方が刷り込まれてしまう。

　だが、津軽海峡の周辺で暮らしてきた人々の視点に立つとどうだろうか。ア
イヌ史研究を牽引してきた榎森進は、かつて津軽海峡が「しょっぱい川」と呼
ばれていた逸話を紹介しながら、海峡を挟んだ両地域間の地理的な近さと活発
な人的交流に視点を置く歴史研究の必要性を提起したことがある（北海道・東
北史研究会編『北からの日本史』三省堂、1988年）。現在も大間町の人々は通
院や買い物などに際してフェリーで函館へ出かけている。つまり、海峡は人々
を「隔ててきた」のではなく「繋げてきた」という見方もできるが、多くの教
科書はこうした海峡を挟んだ両地域の結びつきには無関心である。他方、津軽
海峡は北海道からさらに北へ広がる北方世界の窓口としても機能し、そこから
沿海州やサハリン、カムチャツカ半島などを結ぶネットワークが開かれてきた。
しかし「中央」との関わりを重視する教科書のもとでは「最果て」として扱わ
れ、このような越境的なネットワークを把握することが難しい。

　本書のねらいの1つは、津軽海峡を「辺境」ではなく「中心」に位置づけな

がら海峡を挟んだ両地域を一体的に捉え、そこにみられる共通性や相違あるいは相互規定的な関係などを生み出した諸要因を解明することにある。

● 「境界」をまなざす

　ところで、現在の津軽海峡は北海道と青森県を隔てる行政上の境界線（県境）として機能し、人々のアイデンティティ（県民意識）にも影響を与えている。とはいえ、この境界は新幹線やフェリー、飛行機などを利用して軽々と越えることができ、旅行やビジネス、進学、帰省などを目的に津軽海峡を往来する人々の姿は日常的なものになっている。境界を跨ぐことで貨幣の価値が変わることもなく、税や資格審査など監視の目が向けられることもない。

　このように今日の津軽海峡は「ゆるやかな境界」として存在しているが、その性格は時代に応じて変容しており、そこを行き来する人の数や属性、移動の目的や方法なども一様ではなかった。時に外敵の侵入や富の流出を防ぐ「砦」としての役割を与えられ争いの舞台になる一方、外部と繋がる「扉」としての機能を担い、海峡を跨ぐことで富やチャンスを得ようとする人々の営みが展開されてきた。そうした歴史を背景に、悲劇的な出来事を伝える史跡などが残される一方、混交的で個性的な文化も育まれてきた。

　本書のもう1つのねらいは、そうした津軽海峡の「境界」としての性格がどのように変容してきたのかを、日本列島や国際社会の動向と関連づけて読みとくことにある。そして、この地域で暮らす人々が「境界」を巧みに利用して生活を豊かにしようとした姿や、時に「境界」に翻弄されて負担や犠牲を強いられてきた姿などを明らかにしながら、この地域の特質を「境界地域」という観点から探り出してみたい。

　サハリンを望む稚内市や北方領土問題を抱える根室市、台湾に近接する与那国島などの境界地域は「中央」から国防上の要衝とみなされることが多く、国家間対立や国際情勢の緊迫化の影響を受けやすい。しかし、そうした境界地域を生活圏としている人々の存在は見落とされることが多い。津軽海峡の周辺地域で繰り広げられてきた歴史に触れることを通して、日本及び世界各地の「境界」で暮らす人々への想像力を育み、これらの地域が備えている可能性や魅力、困難などへの理解を深める一助にしていただきたい。

（小瑶史朗）

総論Ⅱ　　海峡地域で育む歴史の見方・考え方②
「日本史」の時代区分を問い直す

● 新学習指導要領による中学校歴史教科書の時代区分論の変化

　社会史研究から「日本」を鋭く問うた網野善彦は晩年、列島諸地域の「それ
ぞれの社会の多彩な生業や生活、人と人との関係、その独自な構成に目を向け、
これまでの時代区分にこだわることなく、事実に即した新しい社会の規定、概
念を創り出し、時代を区分してみることこそ、現在、最も必要とされている課
題」と指摘した（網野2008）。これが教科書にもついに反映されつつある。

　新学習指導要領は、2008年に衆参両院で可決された「アイヌ民族を先住民族
とすることを求める決議」をふまえ、様々な伝統や文化の学習内容を充実させる
観点から、アイヌと琉球の文化の独自性に触れるよう明記した。アイヌ・琉球
を単にトピック的に扱うのではなく、より広く日本列島の東と西、南と北の生
活・文化の多様性に気づかせるような取り扱いが期待される（原田2018）。

　これに伴い、帝国書院『社会科　中学生の歴史』（2020年検定済）は、冒頭
の時代区分論でコラム「地域によって変わる時代区分」を新設し、「日本列島
には多くの異なる文化や社会があるため、いくつもの種類の年表を作ることが
できます。琉球王国の歴史がある沖縄では独自の時代区分をすることができま
す。また、北海道なども、「縄文」や「弥生」という区分が単純に当てはまら
ないので、時代区分は多様です」と述べ、巻末年表に北海道と南西諸島の時代
区分を加筆した。これは、日本列島には「中の文化」「北の文化」「南の文化」
の3つの文化があったとする、考古学の藤本強が唱えたシェーマ（藤本2009）
が採用されたといえる。北海道と本州の時代区分対比表を用いて北海道独自の
文化区分をおさえることはアイヌ文化＝「未開」という誤ったイメージを改め
るのに有効だとされている（百瀬2013）。教科書の改善をひとまずは喜びたい。

● 先住民族史としての「アイヌ史」の時代区分

　ただし、考古学にもとづく通説的な北海道史の時代区分（表A）には注意を
要する。区分表の「アイヌ文化」期をみると、「アイヌ民族は12〜13世紀頃に
突然現れた」と誤解しかねない。実際、「アイヌは先住民族ではない」とする

	年	南西諸島	九州・四国・本州	北海道	①	②	③	④
先史（原始）	前12000		旧石器					テエタ（先史）時代Ⅰ期（旧石器時代）
	前400		縄文					テエタ時代Ⅱ期（北の縄文文化）
	前200							
	紀元	貝塚文化	弥生	続縄文文化				テエタ時代Ⅲ期
	200							
古代	400		古墳					前期
	600		飛鳥	擦文文化 / オホーツク文化				
	800		奈良					ユーカラの時代 中期
	1000		平安					
中世	1200	グスク	鎌倉					後期
	1400		室町					
近世	1600	琉球王国	安土・桃山	アイヌ文化				ウェペケレの時代 前期 / 中期 / 後期
	1800		江戸					
近代	1900		明治 / 大正 / 昭和					近現代
現代	2000		平成 / 令和					

※アイヌ語地名の記録『日本書紀』（七二〇年）『続日本紀』（七九七年）
①「アイヌ史的古代」 ②「アイヌ史的中世」 ③「アイヌ史的近世」

通説的な時代区分（A）と近年提起されているアイヌ史の時代区分案（B）

Aは、中学校社会科歴史的分野教科書（2020年検定済）3社（学び舎『ともに学ぶ人間の歴史』9頁；山川出版社『中学歴史　日本と世界』6、7、88、91頁；帝国書院『社会科　中学生の歴史　日本の歩みと世界の動き』4、5、29頁）をもとに作成。Bの提唱者は、①：谷本晃久"アイヌ史的近世"をめぐって」（蓑島栄紀編『アイヌ史を問いなおす』勉誠出版、2011年）、②：中村和之「中世・近世アイヌ論」（『岩波講座　日本歴史』第20巻、岩波書店、2014年）、③：蓑島栄紀「古代北海道地域論」（同上書）、④：加藤博文「記号化による文化遺産の植民地化」（石原真衣編著『記号化される先住民／女性／子ども』青土社、2022年）。

ヘイトスピーチの根拠としてこれを悪用する例が後を絶たない。

　しかし、8世紀に成立した『古事記』『日本書紀』に東北のアイヌ語地名が散見されることから、列島北部にアイヌ語話者集団が「アイヌ文化」期以前に存在したことは確実である（4章で詳述）。そのため、近年のアイヌ史研究では、アイヌを主体とした先住民族史としての「アイヌ史」の通史的時代区分が追究されている（研究史は蓑島2021；2023参照）。特に、文献史学者による、アイヌの「交易」の民としての特性に着目した、アイヌ史独自の古代・中世・近世を設定しようとする試みが注目される（表B①〜③）。

蓑島栄紀は、3〜13世紀を「アイヌ史的古代」（表Ｂ③）とする。続縄文後半期に、本州との交易により鉄器が普及し始め、のちの「アイヌ文化」期へとつながる北方圏の交流・交易の枠組みが形成されたことに大きな画期を見出す。

　続く「アイヌ史的中世」（表Ｂ②）は、アイヌがサハリンに進出する13世紀後半に始まる。アイヌの中世史的特質を環日本海交易の担い手としての独自性に見出す中村和之は、土木の変（1449年）をきっかけとする明朝の後退により、アイヌの交易上の独立性が次第に失われ始めて「近世」への移行期が始まるものの、商場知行制（あきないばちぎょう）、樺太アイヌの清朝辺民体制への編入、ロシアによる千島アイヌの毛皮税徴収、弘前藩による本州アイヌの同化政策などにより、アイヌの交易の独自性が完全に失われる1760年代までは「中世」が続くとする。

　一方、谷本晃久は、1551年に「アイヌ史的近世」（表Ｂ①）が始まるとする。道南のアイヌ首長たちと蠣崎氏（かきざき）が講和した際の「夷狄之商舶往還之法度」（いてきのしょうはくおうかんのはっと）が、のちの松前藩によるアイヌ交易独占の起点になったと考えるからだ。そして、1875年の樺太・千島交換条約で、北海道アイヌ・樺太アイヌ・千島アイヌという3つの個性が属地的に存立できなくなったことを「近世」の終点とする。

　これらの提案に対しては、古代・中世・近世という区分法は発展段階的な国家形成史を前提としており、アイヌ史にはなじまないと批判する向きもある。批判者の一人である加藤博文は、先住民考古学の先進地ニュージーランドで提唱されている時代区分が先住民族の言葉をもとに独自の歴史を作り上げている点に着目し、アイヌ語による時代区分を提案している（表Ｂ④）。

● 「北のボカシの地域」としての北東北と道南　—海峡地域の時代区分—

　「北の文化」「中の文化」「南の文化」の時代区分表には、まだ問題がある。「北の文化」と「中の文化」の間、「中の文化」と「南の文化」の間にある「ボカシの地域」がみえないことである。「北のボカシの地域」（北東北と道南）には、古代ヤマト王権の北進に抵抗したエミシ（『津軽の歴史』3章）、中世の平泉政権（本書5章）、鎌倉・室町政権に服しながらも独自性を保った十三湊（とさみなと）の津軽安藤氏（『津軽の歴史』5章）がいた。アイヌ語地名も残る。北東北は単純に「中の文化」にくくれない。よって、近年のアイヌ史研究では、東北を含めた時代区分も示されている。これに本書の時代区分を加筆したのが次頁の表である。

総論Ⅱ　海峡地域で育む歴史の見方・考え方②

　「海峡地域」の歴史的画期に着目して4期に分け、その歴史的特質の「成立」(13世紀まで)、「変容・動揺」(13〜16世紀)、「分断・交流」(17〜19世紀前半)、「再編と新展開」(19世紀後半以降)とした。

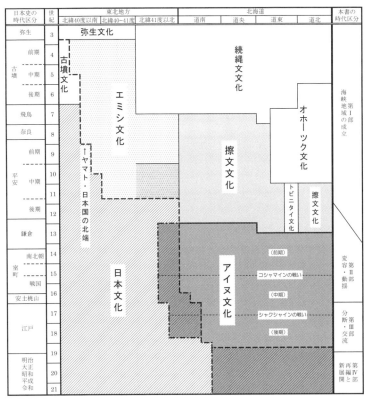

日本北方地域の時代区分概念図と本書の時代区分
(関根達人ほか編『アイヌ文化史辞典』吉川弘文館、2022年、7頁をもとに一部改変)

(大谷伸治)

〈参考文献〉
網野善彦『「日本」とは何か』講談社学術文庫、2008年、初出2000年
原田智仁『中学校　新学習指導要領　社会の授業づくり』明治図書、2018年
藤本強『日本列島の三つの文化』同成社、2009年
蓑島栄紀「アイヌ史研究の現在」『歴史学研究』第1013号、2021年
蓑島栄紀「アイヌ史の時代区分」高瀬克範編『北海道考古学の最前線』雄山閣、2023年
百瀬響「アイヌ文化教材化の要点について(1)」『北海道教育大学紀要(教育科学編)』第64巻第1号、2013年

総論Ⅲ　海峡地域で育む歴史の見方・考え方③
　　　　　民族の有り様を動態的に捉える

　社会科教育学では近年、多文化共生社会の担い手を育成すべく、多文化教育の第一人者 J. A. バンクスの理論を日本的文脈にアレンジし、多民族的視野に立つ学習を構成するためのモデルが示されている（下図）。

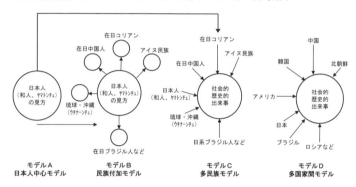

多民族的視野で学習を再構成するためのモデル（太田 2020、49 頁をもとに一部改変）
本書では、アイヌの人々を表す際、基本的に「アイヌ民族」を用い、文脈に応じて「アイヌ」「アイヌの人々」などと表現し、機械的・形式的な統一はしなかった。一方、「日本人」には国籍と民族性（エスニシティ）という 2 つの意味合いがあり、国籍の意味で使えば、アイヌ民族、沖縄の人々も「日本人」になってしまい区別できない。よって、国籍を含まない「民族としての日本人」を表す言葉が必要だが、自称がない（これもマジョリティがもつ特権ゆえである）。そのため、アイヌ民族に対して、歴史的に日本語・日本文化で育った人を「和人」（松前藩の人々の自称）と表記する（北原 2020）。

　現在の教科書はアイヌ・琉球に関する記述が増えてきたものの、依然としてマジョリティの和人の見方を中心としたＢ「民族付加モデル」にとどまっている。和人は、自らとマイノリティの民族的他者との非対称性——差別や格差を生み出す社会的構造の根元にあるレイシズム（人種（差別）主義）や植民地主義に無自覚なまま、無邪気に多文化共生を謳い、マイノリティを傷つけている（コラム6）。よって、C「多民族モデル」（マジョリティの見方も多様な見方の1つとして相対化し、多民族的観点から社会的・歴史的出来事を理解する授業）へ転換するためには、マイノリティの視点から和人をまなざし返し、こうした構造的暴力を可視化して、和人が無知・無自覚な自己をメタ認知することが必要である（①）。

　では、構造的暴力の根元にあるレイシズムとは何か。様々な定義があるが、

原（2022）によれば、「人間には、人種、民族、出自などによって運命的優劣があり、それは肌の色のように不変、という主義・信仰」である。「人種」は、近代の植民地主義や資本主義制度における経済的な搾取を正当化するために社会的に創られた概念であり、現在では分類概念としての科学的根拠は認められていない。「民族」もまた創られた概念である。そもそもヒト（ホモ・サピエンス）という生物種は1つである。アフリカ大陸に登場した人類が大陸を移動し、世界各地の様々な環境に適応しながら（肌の色に違いが生まれたのもその1つ）、それぞれ多様な文化（言語、宗教、生活習慣など）を形成していった。そして、文化的共通性をもつ人々が異なる文化をもつ他者との接触を通して、他者とは異なる自己の文化を意識し、同じ仲間という帰属意識をもつようになり、民族という概念が形成されていったのである。しかし、現在の日本社会では、「人種」「民族」は先天的に実在し不変のものだという本質主義的な見方が未だ支配的であり、しばしばマイノリティをルーツにさかのぼって純粋で同質的なものと定義し、和人と二項対立的な関係で捉え、一枚岩的でステレオタイプな見方を形成してしまっている（松尾2013、中山2020）。

　よって、C「多民族モデル」へ転換するには、視点となる「民族」が初めから実在する固定的・一枚岩のものではなく、歴史的・社会的に関係性のなかで形成・再編されていったという構築主義的な見方へ転換していくこと、そして、民族の内部にも性別、職業、階層、居住地などによる多様性があることを捉える必要がある（②）。また文化も、それぞれの集団が環境への適応や相互交流を通じて形成してきたもので、それぞれ固有の価値があり、農耕や文字の有無などで優劣をつけることはできないという文化相対主義に立つべきだ（③）。

　「北のボカシの地域」である津軽海峡地域を舞台に活動した主要なプレーヤーであるアイヌと和人の民族意識や文化の形成・再編過程を、両者の相互関係（友好的な交流もあれば、敵対的な衝突もある）に着目しながらたどることで、上記①〜③の歴史的な見方・考え方を育むことができると考える。詳細は本論に譲り、ここでは簡単な見取り図のみ示しておきたい（菊池2003も参照）。

　日本列島に人類が渡ってきたのは約3万年前といわれる。後期旧石器時代後半から地域性が現れ始め、縄文早期の温暖化とともに各地で豊かな文化が育まれ、津軽海峡を挟んで同じ文化圏が形成された。そこに、大陸から水田稲作の

技術をもった人々が渡ってきて、九州・本州・四国には弥生文化が広がっていく。稲作を採用したか否かが、アイヌ／和人という民族意識形成への大きな分岐点となったことは想像に難くない。しかし、民族意識はすぐさま津軽海峡で二分されたわけではない。海峡地域には、二重性・両属性を帯びた人々が現れてくる。中国王朝との関係性のなかで、ヤマトの王権は国号を「日本」と定め「日本人」という民族意識を形成し、自らに服さない東北の人々を「蝦夷」と蔑称した。エミシのなかには、のちにエゾと呼ばれ、やがてアイヌの民族意識をもつ集団がいた一方で、律令国家に服したエミシもいたが、国家権力は後者を国家の公民とは区別し「俘囚」「夷俘」と蔑称した。だが、奥州藤原氏はそれを逆手にとり「俘囚の上頭」と自称し、北方交易を管轄する地方政権として独自の勢力を誇った。津軽安藤氏もそうである。和人は決して一枚岩ではない。

　一方、アイヌの民族意識や文化の形成には、和人だけでなく、北の隣人（大陸から渡ってきたオホーツク文化の人々、ウイルタ、ニヴフ、ウリチなどサハリン（樺太）・アムールランドの諸民族、中国王朝）との接触も影響した。アイヌ文化は擦文文化の担い手がオホーツク文化を同化しつつ成立するが、やがて樺太と千島に進出・定住し、北海道アイヌ、樺太アイヌ、千島アイヌ、本州アイヌと呼ばれる集団が成立、アイヌとニヴフの中間的な存在も現れる。近世には和人の蝦夷地進出が徐々に強まり、収奪や文化破壊を伴う敵対的な接触が増えていくが、後期の国際情勢の変化とりわけロシアの接近に伴う蝦夷地「内国」化が大きな転換点となり、それは「文明」国化を目指した明治政府によるアイヌモシㇼ（人間（アイヌ）が住む地）の植民地化へと帰結する。近代国家の同化政策、和人からの差別・抑圧を厳しく受けながらも、アイヌ民族は主体的に独自の文化とアイデンティティを創造的に再構築して、自らを「先住民族」として世界史に定義していくのである（シドル2021）。

（篠塚明彦・小瑶史朗・大谷伸治）

〈参考文献〉
太田満『小学校の多文化歴史教育』明石書店、2020年
菊池勇夫編『蝦夷島と北方世界』吉川弘文館、2003年
北原モコットゥナシほか監修『アイヌの真実』ベスト新書、2020年
リチャード・シドル『アイヌ通史』マーク・ウィンチェスター訳、岩波書店、2021年
中山京子ほか編著『「人種」「民族」をどう教えるか』明石書店、2020年
原由利子『日本にレイシズムがあることを知っていますか？』合同出版、2022年
松尾知明編著『多文化教育をデザインする』勁草書房、2013年

第Ⅰ部　海峡地域の成立

弘前市砂沢遺跡の水田跡

クマ意匠のついた木製柄杓
（田舎館村垂柳遺跡出土）

弥生前期の土偶
（弘前市砂沢遺跡出土）

津軽海峡は氷期においても陸地として繋がらなかった。だが、古北海道島から古本州島へ石器群は動いており、旧石器時代の人々が海峡を渡ったことは確実である。そして、気候温暖化がピークを迎える縄文早期中頃から、海峡を越えた文化圏が本格的に形成される。弥生前期に津軽平野で水田稲作が始まっても、土偶や続縄文文化的なクマの意匠のついた遺物が見つかるように、海峡を越えた交流は続き、ヤマト王権、エミシ、擦文文化、オホーツク文化の接触を経ながら、「アイヌ文化」の成立へと繋がっていく。

〔提供〕（水田跡）弘前市教育委員会／（土偶）弘前市教育委員会所蔵、小川忠博氏撮影／（木製柄杓）田舎館村教育委員会所蔵、小川忠博氏撮影、いずれも『青森県史 通史編Ⅰ』所収

1. 世界遺産になった「津軽海峡文化圏」の縄文世界

☞ 教科書では

山田康弘『つくられた縄文時代』（新潮社、2015年）によれば、「縄文時代」「弥生時代」という術語は戦前にはなく、発展段階的な視点から戦後に創られた一国史的な枠組みで、食料採集社会の「貧しい縄文時代」が行きづまり、食糧生産社会の「豊かな弥生時代」へ移行したという歴史観が1960年代に普及した。しかし、三内丸山遺跡に象徴されるような発掘調査の進展により、1990年代にはネガティブな縄文時代観は改められ、豊かな自然の食料資源を安定して確保し植物栽培・管理までしていたこと、広域な交易・交流ネットワークを構築していたことなどが記されるようになった。だが限られた紙幅では、列島内の地域差や時期差を捉えることは難しく、単一・単調の画一的な文化が約1万年続いたという誤解を再生産してしまう危険性はなお残っている。「北海道・北東北の縄文遺跡群」（以下、縄文遺跡群）が世界遺産に登録されたことは、そうした一国史的な枠組みを開く可能性をもっており、その意義をふまえた教材化が期待される。

● 「津軽海峡文化圏」の「顕著な普遍的価値」

「縄文文化とは、日本列島域の各地で展開した多様な文化の総称」（山田2019）といわれるように、現在の学界では、縄文文化は複数の「地域文化圏」の集合体と捉えられている。小林達雄は、土器様式の分布圏を指標に、列島を5つの大領域に分け、さらにその内部を中領域、核領域に細分割している（右図）。これによれば、縄文遺跡群は、北から2番目に位置する第Ⅱ文化圏で形成された〔Ⅱa＋（Ⅱb1＋Ⅱb2）〕の連合体である。道南と北東北は、気候温暖化がピークを迎える縄文早期中頃から津軽海峡を越えて北方ブナ帯が広がり、共通の文化圏が形成された。特に、前期から中期中葉の円筒土器文化と晩期の亀ヶ岡文化は縄文文化を終始牽引したとして、小林は「津軽海峡文化圏」と名づけ、世界遺産登録推進の意義を強調してきた。

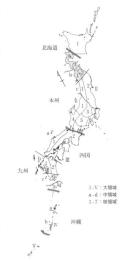

縄文文化の地域区分
（小林2010、15頁より転載）

1．世界遺産になった「津軽海峡文化圏」の縄文世界

しかし、一国内の文化というだけでは、世界遺産としては認められない。国際連合教育科学文化機関(ユネスコ)によって、「顕著な普遍的価値」が認められなければならない。

では、縄文遺跡群の「顕著な普遍的価値」とは何か。推薦書(日本国『北海道・北東北の縄文遺跡群』2020年)は、「北東アジアにおける農耕文化以前の生活の在り方と精緻で複雑な精神文化とを示す物証として顕著な普遍的価値を持つ」とし、それを伝える属性は以下の4点にあるという。

　属性a「自然資源を巧く利用した生活の在り方を示すこと」
　属性b「祭祀・儀礼を通じた精緻で複雑な精神性を示すこと」
　属性c「集落の立地と生業との関係が多様であること」
　属性d「集落形態の変遷を示すこと」

これにもとづき、世界の19遺産、北東アジアの他の14地域と比較研究した結

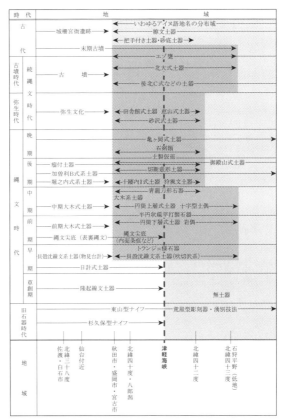

「津軽海峡文化圏」の変遷（小林2010、17頁より転載）
　　が「津軽海峡文化圏」。時期によって範囲は伸び縮みするものの、縄文時代早期から弥生時代以後まで続き、アイヌ語地名の分布域と重なる。

草創期　1万6500年前～1万1500年前頃
早　期　1万1500年前～7000年前頃
前　期　7000年前～5470年前頃
中　期　5470年前～4420年前頃
後　期　4420年前～3220年前頃
晩　期　3320年前～2350年前頃

縄文時代の時期区分（山田2019）

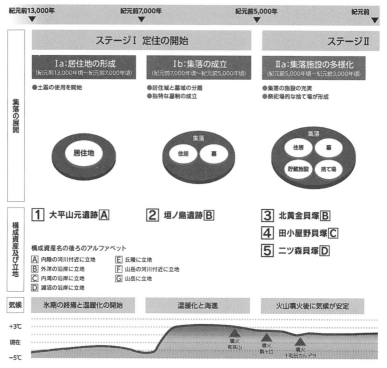

「北海道・北東北の縄文遺跡群」の集落展開及び

果、4点すべてを満たすのは北海道・北東北のみであり、なかでも保存状態が良好で「北東アジア最古の土器の出現を示す遺跡、複雑な精神性を示す環状列石、集落構造の変遷過程における立地と生業の多様な関係を示す集落遺跡等、17の遺跡で構成される推薦遺産」が厳選された。17遺跡は、定住の開始、発展、成熟の6つのステージに分類・順序づけされ、わかりやすく図示されている（上図）。以下これに則して、注目すべき点を取り上げたい。

● 縄文時代はいつから？ ―北東アジア最古の土器の衝撃―

中学校で最も占有率の高い東京書籍の教科書をみると、縄文時代の書き出しが変わった。新しい教科書（2020年検定済）では、「1万数千年前から、日本列島の人々は土器を作り、これを使って木の実を煮て食べたりするようになりま

1. 世界遺産になった「津軽海峡文化圏」の縄文世界

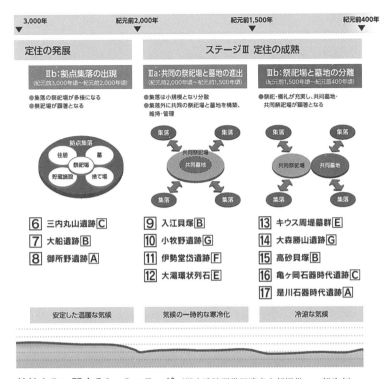

精神文化に関する6つのステージ（縄文遺跡群世界遺産本部提供、一部改変）

した」と書かれている。土器出現の始期が「1万2000年ほど前」から「1万数千年前」とより含みのある表現に変わり、用途が「木の実を煮て食べるため」との断定的な記述から「木の実を煮て食べたり」と他の用途にも使われた可能性を示唆する表現に変わったのである。

この変化をもたらしたのが、大平山元遺跡から出土した北東アジア最古の無文土器である。土器に付着し

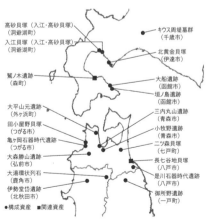

「北海道・北東北の縄文遺跡群」地図

た炭化物の AMS 炭素14年代測定を行った結果、最大で約1万6500年前にさかのぼる可能性が示された。1万6500年前はまだ氷期で、列島には針葉樹が広がっていた。木の実など採れないのである。

　では、土器は何を煮炊きするために作られ始めたのだろうか。最も有力視されているのはサケである。大平山元遺跡から確実な証拠は見つかっていないが、サケが遡上し捕獲できる蟹田川付近の河岸段丘上に立地していること、草創期の他地域の遺跡——東京都前田耕地遺跡から無文土器とともに大量のサケ骨が出土することや、北海道帯広市大正3遺跡から出土した約1万3千年前の爪形文土器に付着した「お焦げ」の理化学的分析から推定して、サケを煮て浮いてくる油を採取し、調味料や燃料として使っていた可能性が高いと考えられている（魚油採取説）。大平山元遺跡では竪穴住居の跡は見つかっていないが、重くて壊れやすいため持ち運びに適さない土器の使用は、人々が定住を開始したことを示している（ステージ I a）。

　温暖化が進み、早期中葉の約9千年前（紀元前7千年）以降、道南・北東北には北方ブナ帯が広がり、食料資源が安定化して集落数が増加した。そして、集落内では居住域と墓域が分離した（ステージ I b）。墓域の出現は、日常・非日常の空間の区別や土地に対する愛着が生まれたことをうかがわせ、集団の結びつきの強化や祖先崇拝の形成にもつながったと考えられる。また、垣ノ島遺跡の副葬品には、子どもの足を押捺した足形付土版があり、子どもの生命への強い思いが感じられる独特な墓制の成立がうかがえる。

● 貝塚は単なるゴミ捨て場ではない！ —捨て場は神聖な「送り場」—

　その後も温暖化は続き、紀元前4300年頃に海進はピークを迎え、前3千年頃まで穏やかな気候が続くなか、定住が最も安定した。道南・北東北では、湖沼や外湾に面した丘陵上に貝塚を伴う集落が形成された。居住域、墓域に加え、貯蔵施設や捨て場が形成され、集落施設が多様化した（ステージ II a）。教科書では明言されないが、ここで重要なことは、捨て場は衛生環境を保持するためのゴミ捨て場であるのみならず、祭祀場でもあったということである。

　北海道内浦湾に面した北小金貝塚では、貝層の最下部から、角が付いたシカの頭骨を大型の土器片で上下から挟み、その周りを拳大の円礫で囲んでベンガ

ラを撒いた動物儀礼の痕跡が確認され、貝塚の形成を始める時または再開する時に行われた儀礼である可能性が指摘されている。また、火を焚く儀礼も存在したようで、貝塚のなかの灰が集中した場所から、全体が湾曲して灰白色に変色した鯨骨製の骨刀が出土している。また、貝塚には人も埋葬されている。

中期に出現する拠点集落では、祭祀場がより多様化し、環状に配置された配石や組石遺構、小形の環状列石を伴う墓が登場し、盛土が大規模化する（ステージⅡb）。盛土は、北海道・北東北における縄文時代の特徴的な遺構の1つで、土器や石器、土偶などを廃棄しては土砂で埋める行為を長期間繰り返すことで小丘状になったものである。三内丸山遺跡の盛土からは、完全な形に復元できる土器（完形土器）が多く出土する。完形土器をあえて廃棄する行為には、毎日のように煮炊きなどに使用される土器を神々の世界に送り返してやることによって、感謝の気持ちを表現しているとも考えることができる。

このように、貝塚や盛土は、アイヌ文化にみられる神聖な「物送り場」のような意味をもつものであった。定住の発展によって、精神文化がより精緻化・複雑化していったことがうかがえよう。

● 環状列石の秘密

さらに精緻で複雑な精神文化を示す遺構といえば、環状列石（ストーンサークル）であろう。直径40mを超すような大規模なものは、中期末葉に関東・中部・東海地方で現れた。それよりやや遅れて、後期前葉に、北海道渡島半島から岩手県及び秋田県北部（北緯40度ライン）までの地域において、最も盛んに造営された。なぜ東日本では、大規模な環状列石が作られたのだろうか。

それは、この時期の気候寒冷化が関係している。寒冷化によって生活環境が変化したため、それまで大型集落で多くの人口を維持していた東日本では、集落を小規模化し分散して居住する生存戦略がとられた（なかには西日本に移住した者もいたようである）。そうして離れてしまった集落間の結びつきを維持・強化するために、共通の祭祀・儀礼活動の拠点となる大規模な共同墓地や環状列石を構築するようになったと考えられている（ステージⅢa）。ひるがえって、中期まで人口が少なく逆に後期に人口が増加する西日本では、そもそも環状列石を作る必要性がなかったということになろう。

では、縄文遺跡群に話を戻し、環状列石の注目すべき点を2つ取り上げたい。

　1つ目は、周辺の山などの景観や、その地点における二至二分（夏至・冬至、春分・秋分）の日の出・日の入り場所を取り入れて設計されていることである。大湯環状列石では、2つの環状列石（万座と野中堂）の中心とそれぞれの「日時計状組石」の4点を結んだ延長線上に、夏至の日の入りが位置する。そして、万座から東北東、夏至の日の出の方位に「クロマンタ」との愛称で呼ばれる黒又山がある。小牧野遺跡では、中心とサークル内の一際目立った組石を結ぶ延長線上が夏至の日の出を指し、冬至には八甲田山から朝日が昇る。大森勝山遺跡でも、冬至に南側にそびえる「津軽富士」岩木山の頂上に夕日が沈む。

　2つ目は、石への強いこだわりである。大湯環状列石は、約8500個の河原石を使っているが、淡い灰緑色で柱状を呈した「石英閃緑ひん岩」を多用している。この石は遺跡付近を流れる大湯川ではなく、4〜7kmほど離れた支流の安久谷川に行かなければ採れない。なかには100kgを超える石まである。

　このように、環状列石の構築や維持・管理には多大な時間と労力を要し、複数の集団が協働して計画的に行ったと考えられることから、後期には寒冷化で人口は減るものの、地域社会がより成熟していったことを示している。

● 亀ヶ岡文化の漆工芸にみる縄文文化の成熟

　地域社会が成熟し晩期に花開いた文化が、遮光器土偶で有名な亀ヶ岡文化である。その文化圏は、道南から東北地方全体・新潟県の一部にまで広がる。さらに、亀ヶ岡文化の影響を受けた遺物や文化圏内で作られた遺物は、文化圏をはるかに越え、北は北海道北・東部から南は近畿・四国・北九州まで分布し、近年沖縄本島でも亀ヶ岡式を模倣した土器が発見されている。亀ヶ岡文化の名前の由来となった亀ヶ岡石器時代遺跡は、土坑墓が多数群集していることから、周辺の小規模集落とともに構築、維持・管理した共同墓地と考えられている。ただし、後期と異なり、墓域と祭祀場（捨て場）が離れた場所に構築されるようになった。葬送に関する儀礼が特化したといえる（ステージⅢb）。祭祀場は低湿地に位置しており、ほぼ完全な形の漆塗り土器や漆器、土偶、植物製品、玉類が多数出土する。なかでも、漆工芸の美しさには目を奪われる。

　成熟した縄文の漆文化を伝える是川石器時代遺跡の漆製品は、3〜5回重ね塗

りされ、素黒目漆や、木炭を混ぜた黒色漆、木屑を混ぜた木屎漆を下地にして赤色漆を塗るものが多い。装身具では、下地塗りの後にベンガラ漆を塗り、最後に色鮮やかな朱漆を上塗りして見栄えを仕上げるものもある。樹皮製容器では、黒色系漆の下地にベンガラ漆で漆絵が描かれている。ベンガラは、赤鉄鉱の産地である津軽半島の赤根沢や白神山地東縁から供給されたとみられる。朱の原料である辰砂は、近隣では碇ヶ関鉱山があるが、この遺跡で使われた朱は、北海道の日高・北見地域の鉱山由来のものと推定されている。赤色は火や血、太陽の色であり、縄文人は復活再生の象徴として赤色を神聖視していたとみられ、かぶれを引き起こす漆には破邪（魔除け）の意味もあったようである。

　多くの手間と時間をかけて作られた工芸的作品を、亀ヶ岡文化の人々は日常生活のなかで使用し、壊れる前に惜しげもなく廃棄してしまう。だが、関根達人によれば、そこにこそ文化の特質がある。すなわち、「それは、祭祀や工芸的作品の製作に時間と労力を注ぐことによって富の集積や社会の肥大化を未然に防ぎ、小さな社会を充実させ長く維持するという、縄文文化全体に共通する本質」であり、「でき上がった土器や漆器と同じくらい、それらをつくり上げる行為（「遊び」）が重要」で、「「遊び」を発達させ、それによって集団内・集団間の関係を維持し、関係性の再生産を図っていた亀ヶ岡文化は、縄文文化の本質が濃縮された「窮極の縄文文化」」だという（関根2015）。

　以上のような1万年以上にわたって「津軽海峡文化圏」で育まれ成熟した縄文伝統を受け継いで、弥生時代以降の北海道・北東北の人々は、さらなる独自の文化を育んでいくことになる。

（工藤廉・大谷伸治）

【もっと知りたい人のために】
　世界遺産「北海道・北東北の縄文遺跡群」の公式ホームページ（https://jomon-japan.jp）では、多くの画像、動画、パンフレット、文献を閲覧できる。キッズサイトも充実している。事前学習をして、各遺産とガイダンス施設に足を運びたい。

〈参考文献〉
岡田康博編『世界遺産になった！　縄文遺跡』同成社、2021年
小林達雄編著『世界遺産　縄文遺跡』同成社、2010年
関根達人「亀ヶ岡文化の実像」阿子島香編『北の原始時代』吉川弘文館、2015年
根岸洋『縄文と世界遺産』ちくま新書、2022年
藤尾慎一郎『日本の先史時代』中公新書、2021年
山田康弘『縄文時代の歴史』講談社現代新書、2019年

コラム1

北海道と本州の違いは弥生時代から？
―縄文人の虫歯率―

　北海道と本州の違いはいつから生じたのだろうか。教科書の字面だけをなぞれば、弥生時代からである。分岐点は水田稲作を受容したか否かにある。とはいえ、縄文時代までの日本列島はみな同じだと早合点してはいけない。

　列島各地で出土した古人骨から算出された縄文人の虫歯率をみてみよう（右表）。本州14.77％に対して、北海道はなんと2.18％と圧倒的に低い。津軽海峡地域は縄文時代には共通の文化圏を形成していたが（1章参照）、虫歯率では、東北（17.49％）と北海道南西部（2.82％）には大きな差があったのである。なぜだろうか。

地域		標本数（本）	虫歯数（本）	虫歯率（％）
北海道	合計	1,285	28	2.18
	北東部	327	1	0.31
	南西部	958	27	2.82
本州	東北	789	138	17.49
	関東	1,751	242	13.82
	東海	377	54	14.32
	中国	144	18	12.5
	合計	3,061	452	14.77

縄文人の虫歯率
（大島1996、390〜391頁より作成）

　食べ物が関係しそうなことは予想できるだろう。下の棒グラフは、縄文人骨の同位体分析で、地域ごとの利用食料を明らかにしたものである。まず、北海道と本州で比べてみよう。北海道は海獣・魚類で8割以上を占め、草食動物も加えれば、ほぼ動物食を食べていた。一方、本州は地域によって違いが大きいが、北海道に比べて、いずれも植物食の割合が高くなり、雑穀類も食べていた。

　虫歯は一般的に穀物などデンプン質を多く摂取すると発生し、動物質を主に摂取した場合はなりにくい。つまり、北海道の縄文人は動物食中心で雑穀類をほぼ口にする機会がなかったから、ほぼ虫歯にならなかったのである。

　では、なぜ北海道と本州で

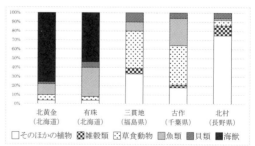

縄文人の地域ごとの利用食料
（松木武彦『列島創世記』小学館、2007年、89頁より作成）

コラム1　北海道と本州の違いは弥生時代から？

食性が違ったのか。それは、津軽海峡で動物相が変わるからである（ブラキストン・ライン）。もとより、北海道にも植物資源はあった。道内の遺跡からは、野生の堅果類としてクルミ属、コナラ属、クリ属、キハダ属、栽培種としてヒエ属、ソバ、アサ、ウリ科、ゴボウなどが検出されている。だが、北の海ははるかに豊かな海洋資源を湛える。特に、良質なタンパク質と高カロリーな脂肪分を摂取できる海獣（キタオットセイ、トド、アシカ、アザラシなど）を食べることは、厳しい寒さを生き抜く体を作るために不可欠であった。また、海獣の血や脂身にはビタミンやミネラルも含まれているので、植物資源からビタミンを摂取しなくても問題はない。海獣を捕り食べることは、北方の自然環境に則した極めて合理的な生き方だったのである。

　違いは北海道と本州の間だけではなく、それぞれの内部でもみられた。典型的なのは、長野県北村遺跡である。植物食が8割以上を占め、魚類をほとんど食べていない。内陸で山に囲まれた地域だからである。生活地域の地理的条件によってとれるものは違う。ならば、周りの生物相にあわせて、道具や技術を工夫したほうがよい。だから、道具にも地域性が現れる。そのような地域性は、縄文時代以前の後期旧石器時代後半（2万8千〜1万6千年前）からみられるとされ、民俗学者の赤坂憲雄はそこに「いくつもの日本」の萌芽を見出す。

　北海道内に目を移そう。虫歯率をみると、南西部の2.82%でも低いのに、さらに北東部は0.31%、なんと327本中1本しか虫歯がない。その理由の1つは、北海道内でも石狩低地帯を境に、東西で植物相が変わることに求められるだろう。南西部は東北と同じ落葉広葉樹林帯だが、亜寒帯の北東部は針葉樹が現れ、植物資源はますます限られる。必然、海洋資源への依存がいっそう高まったと考えられる。より漁労に特化する続縄文人の虫歯率は0.49%、擦文人とオホーツク人はなんと0.00%になるという。一方、稲作が始まる弥生時代の九州や山口県の響灘沿岸地方は16〜19%に増える。縄文時代までに列島各地で育まれた地域性が、弥生以降の北海道（「北の文化」）、本州（「中の文化」）、琉球（「南の文化」）、3つの個性に引き継がれ、それぞれ独自性を深めていくのである。

（大谷伸治）

〈参考文献〉
赤坂憲雄『東西／南北考』岩波新書、2000年
大島直行「北海道の古人骨における齲歯頻度の時代的推移」 *Anthropological Science*, 104-5, 1996
大島直行「縄文時代人の虫歯率」小杉康ほか編『縄文時代の考古学』10、同成社、2008年
大谷伸治「「アイヌ史的古代」の教材化」『クロスロード』第23号、2019年
米田穣「縄文時代における環境と食生態の関係」『季刊考古学』第118号、2012年

2. 水田稲作を途中でやめた／採用しなかった人々
―東北北部の「弥生文化」と続縄文文化―

☞ **教科書では**

日本列島における水田稲作の始期は、紀元前5世紀頃とされてきたが（弥生短期編年）、2003年、国立歴史民俗博物館がAMS炭素14年代測定によって、500年さかのぼる前10世紀とする新説を発表した（弥生長期編年）。以降、教科書では論争中と断りつつ新説を注記する。中学校以上では、北海道と沖縄には水田稲作が伝播せず、狩猟・採集・漁労を中心とした独自の文化が継続／発展したことが記される。高校「日本史探究」では、青森県の砂沢遺跡と垂柳遺跡が紹介されるが、東北北部は弥生前期に水田稲作を始めたものの、のちに放棄し狩猟採集社会に戻った事実を記し、弥生文化に含めてよいのか論争がある旨を注記するものや、なかには北海道とともに続縄文文化に位置づけるものもある。「北のボカシの地域」から従来の弥生時代像を問い直す授業が期待されている。

● **水田稲作はどのようにして東北北部へ伝わったのか？**

短期編年と長期編年では、弥生時代像は大きく変わる。まずは、長期編年にもとづき水田稲作が東北北部へ伝播する過程を確認しよう（藤尾2015）。

紀元前10世紀後半、朝鮮半島から九州北部・玄界灘沿岸地域へ伝わった水田稲作は、前8世紀頃から他地域へ伝播し始め、前6世紀中頃には伊勢湾沿岸地域まで到達。弥生前期末の前4世紀前半、中部・関東・東北南部を飛び越えて一気に東北北部の津軽平野へ伝わった。弥生前期に九州北部で作られ西日本を中心に広まった遠賀川系土器が弘前市砂沢遺跡で少量出土したことから、近畿北部あたりから日本海を渡って伝えられたと考えられている。最近では逆に、青森県域から九州北部へ出かけた縄文晩期の亀ヶ岡文化の人々が、大陸由来の新しい文化に驚嘆し積極的に導入した可能性も指摘されている。西日本一帯から見つかる亀ヶ岡式土器が亀ヶ岡文化の人々の直接関与のもとに製作され、遠賀川式土器の製作にも影響を与えたことを明らかにした設楽博己による説で（設楽2022）、西から東への一方向的な伝播論ではなく、双方向的な働きかけを前提とする広域交流モデルによって縄文／弥生移行期の多様性を描く試みである（根岸洋『東北地方北部における縄文／弥生移行期論』雄山閣、2020年）。

2．水田稲作を途中でやめた／採用しなかった人々

　砂沢での水田稲作は数十年で途絶えるが、前3世紀から同じく津軽平野の
田舎館村垂柳遺跡周辺で、より大規模な水田稲作が営まれた。しかし、約200
年後の前1世紀前半、気候変動による洪水で水田が土砂に覆われた後、水田は
放棄され、狩猟採集主体の生活に戻った。だが、それは「退歩」ではない。

● 　稲作農耕から狩猟採集主体の生活に戻ることは「退歩」か？

　弥生時代といえば、何を思い浮かべるだろうか。教科書では、文様の少ない
赤褐色の弥生土器のほか、水田稲作のイメージ図や道具（石包丁や木製農具）
といった経済面の資料、戦いが始まったことを示す環濠集落（吉野ヶ里遺跡な
ど）や首のない遺骨などの社会面の資料、豊穣を祈る青銅器製の祭祀具（銅鐸
や銅剣）といった祭祀面の資料が掲載され、「ムラからクニへ」と説明される。

　このような一般的な弥生時代像を抱いて、垂柳遺跡の水田遺構を保存展示し
ている田舎館村埋蔵文化財センターに行ってみると、首をかしげるだろう。土
器は文様が多く、素人目には縄文土器のようにみえる。農具は木鍬の未製品の
みで、木鋤や田下駄などはなく、石包丁もない。青銅器製の祭祀具もなく、か
わりに縄文文化の象徴ともいえる土偶がある。環濠集落でもない。東北北部の

人々は、縄文の伝統
的な祭りを継続し、
道具もできる限り縄
文文化のものをその
まま転用して稲作を
していたのである。
　では、そのような
形で営まれた稲作は
どのようなものだっ
たのだろうか。右表
は、高瀬克範が垂柳
水田の生産性と労働
力を試算したもので
ある。連作障害を防

設定項目		設定条件と結果
稲の性質	10株あたり籾重量	63.2g
耕作方法	株密度	坪あたり26.3株
	休耕田	全体の1/3〜1/2
	畦畔率	15%
	種籾量	反あたり12.12kg（籾）
	1日の耕作面積	108歩
	耕起期間	10〜15日間
	作業工程	深耕→平坦化の2段階
	畦畔作出	基軸畦畔以外は毎年
水田規模	水田総面積	8.00ha
	畦畔を除く水田面積	6.80ha
生産性	反あたり収穫量	49.86kg（籾）
	食料としての収穫量	反あたり45.46kg（籾）
	食料としての総収穫量	1558.33〜2077.17kg（籾）
	1人1日あたり割当て	85〜219g（籾）
労働力	耕起に必要な労働力	190.5〜253.8日人
	1日に必要な労働力	13〜25人
	集落規模	26〜50人
米への依存度	成人1人の1日の必要熱量	1800kcal
	米への依存度	8〜22%

垂柳水田の生産性と労働力（試算）

（高瀬克範『本州島東北部の弥生社会誌』六一書房、2004年、222頁）

29

ぐため、2、3年に一度の休耕が行われていた蓋然性は高く、水田総面積の1/2～1/3は休耕田であったとすると、食料として利用できた籾は、1人1日あたり約85～219gであった。玄米の重量をこの半分とし、玄米100gあたりの熱量を351kcalとすると、約151～383kcalを摂取できたことになるが、成人1人1日の必要熱量(1800kcal)の8～22%程度に過ぎず、米への依存度はあまり高くなかった。稲作導入後も、縄文以来の植物採取と雑穀栽培を続け、食料の大部分はなおそれらに依存していたのである。とはいえ、縄文以来の生業に、稲作が単に加わったという評価だけでは不十分だ、と高瀬はいう。稲作のために集住化をしたことによって、植物採取・雑穀栽培もより大規模に行うことができるようになったと考えられるからである。

　ならば、なぜ収量がそこまで多くはない稲作を始めたのだろうか。高瀬克範は、①食糧確保が低調になっていた可能性、②東北地方の人々にとってイネが極めて魅力的な食料であり、従来の経済を転換してまでも生産する価値が認められていた可能性、③集住すること自体が眼目の1つとしてあり、それを実現する手段として稲作が選択された可能性、を指摘している（「稲作農耕の受容と農耕文化の形成」藤沢敦編『倭国の形成と東北』吉川弘文館、2015年）。

　いずれにしても、東北北部の人々は、稲作と併行して縄文的生業を続けていたからこそ、寒冷化による洪水被害を受けた後、狩猟採集主体の生活に戻ることができたのである。縄文伝統を残して稲作を営むことは、いわばリスクヘッジでもあったといえる。稲作農耕をやめて狩猟採集の生活に戻ることは、決して「退歩」ではない。環境の変化に合わせた主体的な選択であった。

　このことは、石包丁の北限である仙台平野と比べればよくわかる。仙台平野は、西日本と同様の木製農具一式とともに、それらを製作するための道具も同時に導入した。縄文時代の道具の供給体制を大きく変えて、積極的に稲作の生産性・効率性を上げようとしたのである。それ故、縄文的生業に戻る選択肢はなくなった。約2千年前、東日本大震災に匹敵する大津波による被害を受けた後でも、高台に移転して稲作を続け、古墳前期には脱塩が進んだ元の場所で水田を復活させた。とはいえ、東北中部～関東北部にも、環濠集落はなく、弥生稲作の特徴の1つであるひたすら生産量の増大を求める拡大再生産の跡はみられない。青銅器も出土しない。クニがみえない点では東北北部と同じである。

● 利根川以北は「弥生文化」か？

よって、教科書に載る資料のような弥生時代の経済面・社会面・祭祀面の3点セットが揃うのは、利根川以西の地域ということになる（右図）。そうなると、水田稲作のみを指標に、一緒くたに弥生

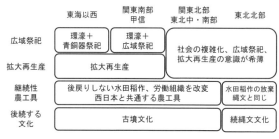

水田稲作文化の地域ごとの違い
（国立歴史民俗博物館・藤尾慎一郎編『再考！ 縄文と弥生』吉川弘文館、2019年、173頁）

文化と呼んでいいのか。東北北部、東北中部〜関東北部、利根川以西はそれぞれ別の文化と呼ぶほうが、北海道の続縄文文化、南西諸島の貝塚後期文化と合わせて、紀元前10世紀〜紀元後3世紀の日本列島の地域的差異をよりよく理解できるのではないか。こう考えて、藤尾慎一郎は、「弥生文化」を水田稲作のみならず社会・祭祀面も含めて規定して利根川以西に限定し、東北中・南部を「富沢文化」、北部を「砂沢・垂柳文化」と呼ぶ（「東北の弥生文化をどう見るのか」『仙台平野に弥生文化はなかったのか』弥生時代研究会、2016年）。鈴木信は、東北中部を「類弥生文化」、北部を「類続縄文文化」と呼ぶ（「続縄文文化と弥生文化」設楽博己ほか編『弥生文化の輪郭』同成社、2009年）。

一方、これに反論するのが、弥生文化を「農耕文化複合」と捉え直す設楽博己である。「農耕文化複合」とは文化人類学で提起された概念で、「生きていくうえでの技術や習慣、規範などが総合された"文化"のうち、農業に関係するものだけでも、作物の品種・栽培技術・加工技術・宗教儀礼・農地制度など異質のものが必ず集まって、それらが相互に絡み合った1つのかたまりとみられる」ものである（中尾佐助『栽培植物と農耕の起源』岩波新書、1966年）。よって設楽は、生業・社会・祭祀にみられる違いはすべて弥生文化の地域性と捉え、大陸由来の文化を「大陸系弥生文化」、縄文的な文化要素が多くみられる弥生文化を「縄文系弥生文化」と呼び、東北まで弥生文化に含める（設楽2022）。

いずれの立場にせよ、大陸系の文化や稲作を基準に、各地域の文化を「先進⇔後進」「進歩⇔退歩」「発展⇔衰退」などと優劣をつけるものでは決してない。

● 単なる縄文の続きか？ ―漁労への特化―

　北海道の続縄文文化に目を転じよう（野村ほか2003、高瀬2022）。

　前期（紀元前4世紀〜紀元後2世紀）は、道内にも地域性がみられ、右図のように、道南の恵山文化、道央の江別（太）文化、道東北部オホーツク海側の宇津内文化、道東太平洋側の興津・下田ノ沢文化、と呼ばれている。後期（3〜6世紀ないし7世紀前半）には次第に、江別文化が北海道全域に広がり（後北文化；後期北海道式薄手縄文土器をもつ文化の略）、やがて東北北部にも広がった。東北にアイヌ語地名が残る所以である。

続縄文文化前期の地域文化
（野村ほか2003、10頁をもとに作成）

　続縄文文化の担い手たちは、狩猟・採集・漁労の生活を続けたとはいえ、縄文文化とまったく変わらない生活を続けていたわけではない。漁労に特化し、捕る魚の種類も特定種にこだわるようになる。

　道央の遺跡から出土した動物骨の重量を時代ごとに比べると、縄文文化期では魚類はわずか3％ほどだったのに対して、続縄文文化期には約40％、擦文文化期にはさらに60％以上にまで上昇する。ほとんどがサケ科である。

　道南ではヒラメ、道東ではメカジキとヒラメが、魚骨全体の2/3以上を占めるようになる。しかも、道南・道東では大きな個体へのこだわりがあったようで、道南のヒラメは体長50〜100cmほどの大物ばかりが遺跡内に持ち込まれた。そうした特定種の大物個体をねらうため、銛や釣針が大型化し、魚形石器と呼ばれる道南の続縄文前期だけで発達する石器も出土する。漁具の素材、色、形態、付着物は多様であり、漁師たちの試行錯誤の痕がみられる。また、銛には派手な装飾もつけられ、リーダーと目される墓に威信財・儀器とともに副葬されるようになる。縄文のリーダーは漁労具や狩猟具が副葬されない儀礼執行者であったのに対し、続縄文前期のリーダーは漁労の技術に長けた者であり、交易もコントロールして威信財を独占し、儀礼も司っていたと考えられる。

● 続縄文前期の交易 ―東北北部との交流―

　では、続縄文前期の交易はどのようなものだったのか。

　主な移入財は、管玉や貝輪など弥生文化の装飾品やサハリン産の琥珀玉で、実用品や穀物は見つかっていない。

　管玉は佐渡島産の碧玉製で、石狩低地帯から渡島半島の遺跡に集中し、墓から出土することが多い。東北の弥生文化にみられる意図的な破砕・剥離を行う儀礼も存在することから、単なる装身具ではなく、祭祀道具としての意味もあわせもっていたと考えられている。なお、碧玉製管玉と琥珀製玉類は、続縄文前期の中頃以降に石狩低地帯付近で分布が重なるものの、同じ遺跡から両者が見つかることはほぼない。祭祀・儀礼の異なる2つの文化的集団によって、碧玉製管玉と琥珀製玉類が選り分けられていたと考えられている。

　南海産の貝製装飾品は、伊達市有珠モシリ遺跡の出土品である。特に注目を集めているのは、イモガイ製の腕輪である。長崎県佐世保市宮ノ本遺跡で出土したものと形態が同じであることから、琉球列島で貝塚後期文化の担い手が採取したイモガイが、北九州の弥生文化の担い手によって腕輪に加工され、北海道に運ばれたと考えられる。交易や贈与のほか、貝製品を身に着けた人々が直接移動してきた可能性もある。さらに興味深いのは、イモガイとよく似た白い凝灰岩で作った模倣品が、青森の垂柳遺跡から出土したことである。

　垂柳遺跡では、続縄文的なクマ意匠が施された土器の把手や漆塗りの柄杓も出土している。逆に北海道では、伊達市オヤコツ（旧南有珠7）遺跡出土の田舎館式土器の無頸壺をはじめ、東北北部の弥生土器とみられるものが複数出土している。しかし、東北北部の稲作農耕民と北海道の続縄文文化の人々が直接交流したわけではなく、稲作を受容しなかった北緯41度以北の津軽半島の人々を介していたと考えられている。なかでも、中泊町坊主沢遺跡がその中継地として有力視されている。在地の土器に加えて、津軽平野の土器や管玉が多数出土し、道南の続縄文文化と関係することが明白な動物の形状をした鉢の把手、黒曜石製の石鏃・岩偶、緑泥石片岩製の石器も出土しているからである。

　続縄文側の移出財は、そうした岩石資源のほか、魚や動物の毛皮も想定される。ただし、交易のために多量に作り出された形跡はない。日常生活で利用しているもののうち、その時々で数に余裕のあるものを交換したと推測される。

● 続縄文後期の交易 ―「アイヌ史的古代」の始まり―

　しかし、古墳文化に併行する3世紀以降の続縄文後期になると、交易品を集中的に生産する体制をとるようになる。そのため、竪穴住居での定住をやめて、簡便なテントで「遊動」的な生活に移行する。その理由は、同時期に石器にかわって普及し始める鉄器を安定的に入手するためであったと考えられている。蓑島栄紀はここに、アイヌの「交易」の民としての特性の萌芽を見出し、続縄文後半期から擦文文化期までの3〜13世紀を「アイヌ史的古代」と捉えることを提案している（総論Ⅱ参照）。ここでは、蓑島がその起点に位置づけている札幌市K135遺跡（3〜4世紀頃）に注目してみよう（上野1992）。

　K135遺跡はJR札幌駅構内にある。古いほうの層から、続縄文土器「後北C₂・D式」の破片6700点、東北の弥生土器「天王山式・赤穴式」の破片400点、サハリン「鈴谷式」土器の破片1点が出土している。3種の土器の分布域（下図）をみると、北方世界で活発な広域交流がなされていたことがよくわかる。

　交易品はサケで、動物骨の約80％を占める。だが、生魚は日持ちしない。どうしたのか。燻製である。焚火跡は133ヶ所、均すと8㎡に1基で、単に日常の調理・暖房の目的としては多すぎる。サケを燻した跡だろう。柱跡も1462本と多く、サケを乾燥させる干場の杭跡とみられる。サケが遡上する秋に多くの人々が道央に集まり、共同で捕獲・加工作業を行い、干鮭を大量生産していた可能性が高い。

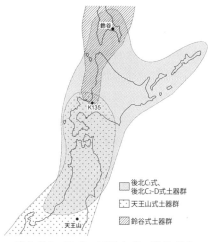

後北C2・D式、天王山式、鈴谷式の土器分布図（上野1992、457頁より作成）

　ところが、新しいほうの層では、サケが減り、シカ中心の獣骨が増える。また、毛皮加工に用いる小型の円型石器ラウンドスクレーパーの割合が、14％から43％に急増する。河川氾濫でサケが捕れなくなった可能性もあるが、この頃には北海道でもさらに鉄器の需要が増し、入手するための対価品として毛皮を大量生産する必要が生じた可能性が

高い。干鮭もシカ皮も北海道の特産品である。瀬川拓郎がいうように、続縄文の人々は寒冷な北海道で二流の農耕民となる道ではなく、弥生文化の宝を手に入れるため、縄文伝統の上に立って交易のための狩猟に特化していく道を選択したと考えるべきだろう（瀬川2016）。

　続縄文の人々は、集中的に生産した商品を東北北部に持ち込み、一部は常駐して効率的な物流体制を組織的に構築していたと考えられている。青森県域の馬淵川流域や岩手県域の北上川上・中流域など太平洋側の内陸部に遺跡が多い。ただし、単独で集落や墓地をつくるのではなく、多くの場合、後期弥生文化や土師器をもつ文化の担い手と集落や墓地を共有していた。しかし、両者の間で文化の融合は数百年にわたってほとんど生じておらず、互いに強固な文化的アイデンティティを保持していたらしい。そのため東北北部は、「ボカシの地域」というより、異文化集団の「雑居地帯」と呼ぶほうが適切だ、と高瀬はいう。

　いずれにせよ、大陸由来の文化や稲作を指標として優劣をつける見方は廃されなければならない。続縄文文化、弥生文化、貝塚後期文化、いずれの担い手も、その時・その場所に合った生活形態を主体的に選択し、広域的なネットワークを結んで活発に交流しながら、地域固有の豊かな生活・文化を育んだのである。

（大谷伸治）

【もっと知りたい人のために】
　田舎館村埋蔵文化財センターは、高樋(3)遺跡の水田遺構を自由に歩ける遺構露出展示室で、地域ごとの弥生文化の特徴をパネル展示しており、列島諸地域の差異を把握できる。その上で、展示室で実際の遺物をみてみると（いくつかの土器は実際に触ることもできる）、垂柳文化の特質を、実感をもって捉えられるだろう。
　国立歴史民俗博物館の第1展示室「先史・古代」は、2019年3月にリニューアルされ、弥生長期編年など最新成果にもとづく新しい先史・古代像を一望できる。

田舎館村埋蔵文化財センター　青森県南津軽郡田舎館村大字高樋字大曲63
TEL：0172-43-8555

国立歴史民俗博物館　千葉県佐倉市城内町117　TEL：050-5541-8600

〈参考文献〉
上野秀一「本州文化の受容と農耕文化の成立」須藤隆ほか編『新版　古代の日本』第9巻、
　　角川書店、1992年
設楽博己『縄文 vs. 弥生』ちくま新書、2022年
瀬川拓郎『アイヌと縄文』ちくま新書、2016年
野村崇ほか編『続縄文・オホーツク文化』北海道新聞社、2003年
高瀬克範『続縄文文化の資源利用』吉川弘文館、2022年
藤尾慎一郎『弥生時代の歴史』講談社現代新書、2015年

3. 大陸の文化と本州の文化の出会い
―オホーツク文化と擦文文化―

☞ 教科書では

　3世紀後半頃、奈良盆地を中心とする地域にヤマト王権が登場した。各地の豪族は朝鮮半島とつながりを持ち、朝鮮半島から手に入れた鉄を持っていたヤマト王権と結びつこうとした。やがてヤマト王権と結びついた豪族たちはヤマトにならって前方後円墳などの古墳をつくるようになっていった。こうして5世紀後半頃には、ヤマト王権の勢力は九州地方から東北地方南部までに及んだ。しかしその頃、ヤマトの勢力が直接及ばない北東北やさらに北の北海道においては、まったく異なる文化を持った世界が展開されようとしていたのである。北海道では、アイヌ文化成立以前に、大陸との強い関係性を持ち、のちのアイヌ文化にも影響を与えた文化がオホーツク海周辺に展開されていた。だが、教科書ではわずかに触れられる程度である。

● 海岸近くで見つかった謎の文化

　網走川がオホーツク海に流れ込むその河口のすぐ近く、川と海岸とに挟まれた海岸段丘の上にモヨロ貝塚（北海道網走市）がある。モヨロ貝塚は、1913年に青森県南津軽郡常盤村（現藤崎町）出身の在野の考古学研究者である米村喜男衛によって発見された。アイヌ文化や続縄文文化とも異なる特徴も持つ土器を見つけた米村は、網走に移り住み、理容店を営みながらモヨロ貝塚の調査と研究を続けたのである。その土器は、細い粘土紐が貼り付けられた文様（ソーメン文）が見られる独特の土器であり、のちに「オホーツク式土器」と呼ばれるものである。1933年、札幌で「北海道原始文化展覧会」が開催され、そのなかでモヨロ貝塚を含めて、サハリン・北海道・千島列島などから出土した土器

竪穴式住居跡（モヨロ貝塚）
大きな六角形の竪穴式住居で、写真右側にクマの頭蓋骨を積み重ねた祭壇が復元されている

3．大陸の文化と本州の文化の出会い

が展示された。これにより、オホーツク海沿いの各地から、米村が発見したのと同様の特徴を有する土器が出土していることが明らかとなった。オホーツク海沿岸地域に独特の文化が展開されていたことが確認されたのである。モヨロ貝塚は、1936年12月には国指定の史跡に指定され調査が進められたが、アジア・太平洋戦争の影響もあり大規模な発掘調査が行われたのは、戦後の1947〜51年であった。モヨロ貝塚をはじめとするオホーツク文化の遺跡についての発掘調査が進むなかで、遺跡からはクジラやトド、アザラシなどの海獣・魚類の骨が大量に発見され、骨製の銛をはじめ、発達した骨角器や黒曜石でつくられた石鏃、銛先鏃、石槍なども見つかっている。また、網のおもりや船の錨として使われていたと考えられている大型の石のおもりも見つかっている。

　ところで、モヨロ貝塚がそうであったようにオホーツク文化の遺跡は、どれも海岸沿いの土地に位置している。オホーツク文化の担い手たちが、海とともに生きてきたことが容易に想像されることだろう。オホーツク文化の遺跡の立地と出土したものから、彼らが海獣狩猟と漁労を主な活動としていた海洋性文化の持ち主であったと考えられている。船に乗って海にこぎ出し獲物を狩っていた。実際、根室市の弁天島遺跡から出土した針入（縫い針を入れるケース）には、捕鯨の様子が線刻で描かれていた。

　オホーツク人たちは、海獣狩猟や漁労を中心としながらも農耕や家畜飼育も行っていたことがわかっている。それは、遺跡から栽培植物の種子やブタ・イヌの骨が見つかっているからである。また、ヒグマやシカの骨など陸上での狩猟の痕跡も見られる。しかし、あくまでも彼らの活動の中心は海であった。

● **オホーツク人とは何者か？**

　オホーツク文化は、4〜12世紀頃まで存在していた。サハリンから北海道・千島列島へと、その広がりは広範囲に及んでいる。これらの地域の遺跡を調査した結果、サハリンの遺跡が古いことがわかった。オホーツク文化は、はじめ4〜5世紀頃にサハリンで形成され、その後、道北・道東、そして千島列島へとオホーツク海沿いに広がっていったことがわかってきた。一番広がった時期には、カムチャッカ半島に近づくまでになっていた。それではなぜ、オホーツク人たちはその活動をサハリンから千島列島にまで広げていったのだろうか。現

在考えられているのは、海獣をはじめとする獲物を求めて、流氷の流れのようにサハリンから南下し、遠く千島列島にまでたどり着いたという説である。

サハリンから広がっていったオホーツク人だが、一体、彼らはどのような民族なのだろうか。これに関して、現在のところ確定的なことはわかっていない。イヌイットとの関連を指摘する説、アリューシャン列島に暮らすアリュートとの関連を指摘する説、はたまたアムール川流域中流域に暮らし、中国では黒水靺鞨(こくすいまっかつ)と呼ばれたツングース系の人々がサハリンにやってきてオホーツク人となったのではないかなど、様々な説が出されてきたのだが、近年ではDNAの分析などから、アムール川下流域のウルチやニヴフ説が有力となっている。特に、サハリンに居住していたニヴフ(かつてはギリヤークと呼ばれていた)＝オホーツク人という説が有力なようである。

サハリンからオホーツク海沿岸に広がったのであれば、オホーツク人＝ニヴフと考えるのが最も素直な考え方のように思えるのだが、それにもかかわらず、様々な説が展開されてきたのはなぜだろうか。

先ほど述べたように、オホーツク文化の遺跡からはブタやイヌの骨が多数見つかっており、ブタやイヌを飼育し食料としていたことがわかっている。アムール川流域や沿海州の遺跡でも同様に、ブタやイヌの飼育が行われていたことが確認されている。また、オホーツク式土器と大陸の土器に類似点が見られること、鉾(ほこ)や帯金具(おびかなぐ)、曲手刀子(まがりてとうす)などの金属製品、環玉(かんぎょく)など大陸産と思われる遺物が出土していることなどから、大陸の文化との強い関係性が指摘され、大陸からサハリンに渡ってきた人々が、北海道や千島列島にまで移住しオホーツク文化を担ったという考え方が強く打ち出されるようになったのである。

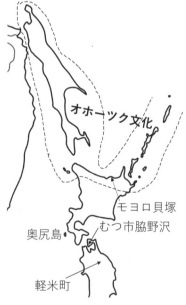

オホーツク文化圏関連地図

3．大陸の文化と本州の文化の出会い

● なぜ下北半島にオホーツク土器が？

　青森県むつ市脇野沢の漁港から300mほどのところに瀬野遺跡がある。ここから、6〜7世紀頃のオホーツク式土器が見つかっている。さらに、岩手県軽米町大日向Ⅱ遺跡からも、同じ頃のオホーツク式土器が発掘されている。遠くオホーツク海沿岸から津軽海峡を越えて、オホーツク人がやってきた可能性がある。モヨロ貝塚のある網走から瀬野遺跡までは、直線距離でも400km以上もある。海岸線沿いとなれば、その数倍の距離となる。オホーツク人は海の民である。当然、舟に乗って、下北半島や岩手県の太平洋岸にたどり着いたのだろう。どこを通って下北半島へやってきたのだろうか。古代の舟ということを考えると、オホーツク海から太平洋という外洋に出て下北半島に向かったとは、到底考えられない。そうであるならば、オホーツク海から日本海を経由して津軽海峡に入り、下北半島や岩手県太平洋岸にたどり着いたのだろうか。

　このことを考える手がかりが、北海道南西部の日本海に浮かぶ奥尻島にある。奥尻島といえば、1993年、北海道南西沖地震によって引き起こされた大津波で大きな被害を受けた島である。この島の南部青苗地区の海岸砂丘の上に、青苗砂丘遺跡がある。この遺跡のある砂丘にも大津波は押しよせ、砂丘の一部が削り取られている。この津波による被害からの復興工事のなかで、遺跡が発見されたのである。この遺跡からオホーツク文化の特徴を持つ住居跡（5軒）や石器、釣針などの骨角器、大陸製と見みられる曲手刀子などが見つかった。また、貝塚からは、アシカ、オットセイ、クジラなどの海獣の骨や魚類の骨が多数出土した。オホーツク人が生活した痕跡が見つかったのである。この青苗砂丘遺跡は、オホーツク人が道南地域に形成した拠点であったと考えられている。ここを拠点に津軽海峡に入り、下北半島や岩手県太平洋岸にたどり着いたのであろう。オホーツク人は、春から夏になる頃、道北から奥尻島にやってきて夏の間そこで暮らし、そして冬が近づいてくるとまた道北に戻っていったという。

　オホーツク人はなぜ道南に拠点をつくり、下北半島などにやってきたのだろうか。6世紀以降のオホーツク文化の遺跡からは、直刀や蕨手刀などの鉄器が見つかるようになる。この直刀や蕨手刀は大陸に起源を持つものではなく、本州からもたらされたものである。

　この時期、北海道ではまだ鉄器を製造することはできていなかった。オホー

39

ツク人はもともと大陸との交易によって、鉄器を手に入れていた。それが大陸側における何らかの理由や本州におけるヤマト勢力の北上などによって、本州からも鉄器を入手するようになった可能性も考えられる。奥尻島はそうした鉄器を入手するための本州との交易拠点で、ここから下北半島などに赴き、本州の鉄器などを手に入れていたのだろう。

奥尻島の宮津弁天宮
境内からオホーツク式土器が見つかっている
（対岸は、せたな町）（亀丸由紀子氏撮影）

　それでは、オホーツク人は鉄器を入手するために、何を本州に持って行ったのだろうか。そこで注目されるのが、オホーツク文化の遺跡から大量に見つかる海獣の骨である。時代は下るのだが、13世紀にモンゴルがサハリンに攻め込み、アイヌの人々と戦っている。この戦いの原因は、オホーツク海にいた海獣の毛皮にあった。モンゴルに毛皮を貢納していた「吉里迷」というサハリンの民族（ギリヤーク＝ニヴフと考えられている）がアイヌに毛皮を奪われていると訴えたことから、モンゴルとアイヌの戦いになったのである。この戦いは最終的に、アイヌが定期的に海獣の毛皮をモンゴルに貢納することで決着している。この事例は、オホーツク海の海獣の毛皮の需要が高かったことを物語っている。冷たい北の海で生きる海獣の毛皮は防寒などの面で大変優れたものであり、大陸や本州でも人気があったのである。ほかにも本州では、矢羽根やステータスシンボルの役割を果たした鷲羽などを本州に持ち込んだ可能性がある。オホーツク人は毛皮や鷲羽などを本州に供給し、本州から鉄器を手に入れていたのである。

● **北海道で何が起こっていたのだろう？**
　下北半島まで姿を見せたオホーツク人であったが、9～10世紀頃になると北海道のオホーツク海沿岸や千島列島からその姿が消えていった。道東や道北の海岸近くからオホーツク文化が消えていくのと前後して、道東の内陸部（川沿

いに数十㎞も入った場所もある）において、オホーツク文化との関連をうかが
わせる文化が姿を現してくる。この文化は、トビニタイ文化と呼ばれている。
この時期、北海道では何が起こっていたのだろう。

　オホーツク海沿岸でオホーツク文化が拡大したころ、北海道の他の地域では
続縄文文化が続いていた。だが、7世紀頃になると道南から道央地域では、新
しい特徴を持つ文化が形成されていた。擦文文化である。続縄文文化の終わり
ころになると、本州の土師器の影響が強く見られるようになり、時代とともに
本州文化の影響がいっそう色濃くなり、7世紀後半になると、本州からの強い
影響を受けた擦文文化が形成されたのである。津軽海峡を渡って人々が往来す
ることによって、北海道に新たな文化が形成されたのである。

　擦文文化では、続縄文文化までの狩猟・採集を中心とする生活様式から、農
耕の役割がより大きくなったものへと変化している。住居跡からは、アワ、キビ、
オオムギのほか、コメも見つかっている。これらは穀物栽培を行っていた痕跡
である。農耕に関する道具の遺物として、鍬先や鋤先、鎌などの鉄製品が見つ
かっている。もちろん、漁労や狩猟も行われていたのだが、その道具にも骨角
器のほかに、鉄鏃などの鉄製品が使われていたのである。擦文文化の時代にな
ると、それまでの文化よりも、多くの鉄製品が使われるようになるのである。
擦文人たちが使った鉄器には、斧や刀子、刀剣類など様々な用途のものがあっ
た。ところが、この段階になっても北海道では、鉄器の生産は行われてはいな
い。やはり、鉄は津軽海峡を越えて持ち込まれたものであった。本州との結び
つきが強くなるなかで、擦文人たちはより多くの鉄器を手にするようになった
わけである。

　なお、擦文人たちは物質文化とともに精神文化も豊かにしていったものと見
られる。擦文文化期の地層から、のちのアイヌ文化の主要な祭祀具であるイク
パスイやイナウと見られるものが出土していることからもそのことがうかがい
知れるだろう。

　ところで、10世紀前半の『延喜式』には、出羽や陸奥の交易品として、葦鹿（ア
シカ）、独狩皮（アザラシまたはラッコなどの皮と考えられている）、昆布など
が見られるが、これらの交易品は出羽や陸奥のものではないであろう。アザラ
シ（またはラッコ）や昆布は明らかに北海道方面からもたらされたものである

と考えられる。時期的に考えて、これらのものは擦文人の手を経て本州にもたらされたものであろう。ここで特に注目したいのは、アザラシやラッコといった海獣である。アザラシにしてもラッコにしても、北海道でも主にオホーツク海沿岸地域で多く目にすることができる。したがって、アザラシあるいはラッコの皮を海獣の狩猟にたけたオホーツク人から擦文人が手に入れ、それを本州にもたらした可能性も考えられる。しかし、10世紀頃になると、道東や道北から、オホーツク人はその姿を消している。ということは、擦文人がオホーツク海沿岸にまで進出し、アザラシやラッコなどの海獣の毛皮を直接入手したと考えることができるだろう。

　本州からの鉄を求めた擦文人たち。その交易品として擦文人は、海獣の毛皮などを本州にもたらしていた。初めのうちはオホーツク人を経由してそれらを入手していたことも考えられるが、やがて擦文人は毛皮を求めて、道北や道東にまで進出していった。その結果、道東では、擦文人とオホーツク人の接触が密となり、オホーツク文化を基盤としつつ強く擦文文化の影響を受けたトビニタイ文化が成立したものと考えられる。また、擦文人の進出により、オホーツク人のなかで、ある者たちは北海道からサハリンへと後退し（サハリンでは12～13世紀頃までオホーツク文化が存在）、またある者たちは多数派の擦文人たちに同化されていったものと考えられる。こうしてオホーツク文化は姿を消したが、その文化的要素のある部分は、擦文文化へと継承され、さらには擦文文化を経由してアイヌ文化へと継承された可能性も指摘されている。

　津軽海峡を挟んでの鉄と毛皮の交換というモノの移動は、道南地域のみならず、道北や道東さらには千島列島に至る広範な地域で、その社会のあり方、そこに暮らす人々の有り様に影響を及ぼしていたことになるのである。

● 擦文人・エミシ・ヤマト

　擦文人がオホーツク海沿地域にまで拡大して以降、10世紀後半～11世紀にかけて、道南地域では北東北に見られるのと同じような環濠集落が出現している。また、この時期の津軽半島や下北半島の遺跡のなかに、擦文土器を出土するものが多く見られるようになっている。

　環濠集落は、防御的な側面を持ったものであり、環濠集落がつくられるよう

3．大陸の文化と本州の文化の出会い

になるということは、この時代があまり落ち着いた時代ではないことを物語っているといえるだろう。ヤマトの勢力が北へと拡大するなか、北東北のエミシ社会においては地域的な連合が形成され、それぞれの隣接勢力との境界領域では緊張関係が生じていたようである。このような状況下にあっても、津軽海峡を越えての交流は盛んに行われていた。その結果、津軽半島や下北半島にも擦文土器がもたらされるようになる一方で、海峡の南側の緊張関係までもが擦文人の世界に持ち込まれた可能性が考えられる。

　ヤマトの勢力は、馬や金などの北東北で入手可能な産品のほかに、毛皮や鷲羽など北海道の産品を欲していた。ヤマトとの交易品をより多く入手しようとするエミシたちが自ら海峡を越えて盛んに北海道に赴いたであろうことは容易に想像がつく。鉄を求める擦文人やエミシ、一方で北東北や北海道の産品を求めるヤマト。10世紀後半〜11世紀という時代は津軽海峡を挟んで、擦文人、エミシ、ヤマトの関係性が複雑に絡み合った時代だったといえるのかもしれない。

（篠塚明彦）

【もっと知りたい人のために】

　米村喜男衛によるモヨロ貝塚の調査により出土した遺物やアイヌ資料を保管整理するため、1936年に北見郷土館がつくられている。北見郷土館は建てられた当時の建物を引き継ぎ、現在は網走市立郷土博物館となっている。ここでは、モヨロ貝塚からの出土品をはじめとしてオホーツク文化に関する展示を見ることができる。

　また、モヨロ貝塚が見つかった場所には、網走市立郷土博物館分館「モヨロ貝塚館」が建てられている。ここでは、貝塚の復元展示やモヨロのムラの様子が復元されており、遺跡や発掘調査のことについて知ることができる。

網走市立郷土博物館

網走市立郷土博物館　　網走市桂町1丁目1番3号　TEL：0152-43-3090
網走市立郷土博物館分館「モヨロ貝塚館」　網走市北1条東2丁目
　　TEL：0152-43-2608

〈参考文献〉
米村衛『北辺の海の民　モヨロ貝塚』新泉社、2004年
長沼孝ほか『新版　北海道の歴史』上、北海道新聞社、2011年
関口明ほか『北海道の古代・中世がわかる本』亜璃西社、2015年
瀬川拓郎『アイヌと縄文』ちくま新書、2016年
蓑島栄紀「古代アイヌ文化論」吉村武彦ほか編『陸奥と渡島』角川選書、2022年

4.「アイヌ文化」の成立
―エミシ・エゾ・アイヌ史―

☞ 教科書では

　近年の教科書では、日本列島の南北に位置する琉球・沖縄の社会とアイヌ社会の歴史を特立させて説明することが一般的である。このうちアイヌ社会に関していえば、「先住民族史」としての説明が求められている。その背景には、2008年6月に衆参両院で「アイヌ民族を先住民族とすることを求める決議」が可決され、その後2019年施行の「アイヌ施策推進法」においてアイヌ民族が我が国の「先住民族」として位置づけられ、同法第5条において「国及び地方公共団体は、教育活動、広報活動その他の活動を通じて、アイヌに関し、国民の理解を深めるよう努めなければならない」と定められた経緯がある。新学習指導要領（小中2017年、高2018年告示）でも、アイヌの歴史や文化について触れるべきことが明示された。先住民族アイヌの歴史・文化についての理解の促進が、おおやけに求められているわけである。本章では、こうした潮流をうけ、通史としてのアイヌ史における「アイヌ文化」の成立に関する見通しを述べてみたい。

● アイヌ史の連なり

　「アイヌ史」を厳密に定義することは難しい。それを、例えば言語を基準に考えてみるならば、とりわけ前近代にあっては「アイヌ語の使い手の歴史」と読み替えることもできるだろう。では、アイヌ語の使い手の歴史は、どこまでさかのぼることができるのだろうか。

　ひるがえって、日本語（和語）を考えてみると、記紀万葉、すなわち奈良時代に成立した『古事記』『日本書紀』『万葉集』には確実な記載がある。あるいは、中国の史書に「ヒミコ」「ヒナモリ」「マツロ」（『三国志』「魏書」東夷伝倭人条〈「魏志倭人伝」：290年頃成立〉などとあるのが、日本語記録の上限とみてよいのかもしれない。

　それでは、アイヌ語はどうか。アイヌ語研究で名高い金田一京助は、『日本書紀』（720年頃成立）斉明天皇紀にみえる越国北部もしくは出羽国南部の地名「都岐沙羅」をアイヌ語地名と解釈する。北海道の地名に用例のあるアイヌ語地名 to-kisar：沼・耳（＝耳型の沼）に比定するのである。これはなにもこじ

つけの解釈ではない。地鶏で有名な「比内(ひない)」や三内丸山遺跡の「三内(さんない)」など、北東北に濃密に分布するアイヌ語地名の存在と、『続日本紀(しょくにほんぎ)』(797年成立)や『倭名類聚抄(わみょうるいじゅしょう)』(931〜938年頃成立)といった古代成立の文献に散見される東北地方のアイヌ語地名の存在とを併せ考えての、無理のない解釈である。

　こうしてみると、1つの疑問が生じてくる。アイヌ語記録の上限が奈良時代であるとした場合、考古学のいう「アイヌ文化」期(13世紀以降)以前にアイヌ語の使い手が存在した、ということになるからである(総論Ⅱ参照)。

● 内のつく地名(ナイ)
○ 別のつく地名(ベツ)

アイヌ語地名分布図(金田一京助『奥州蝦夷種族考』五島美術館月例美術講座、1962年、No.7より転載)

● 「アイヌ文化」とは？

　これは、アイヌ史を通史として考える場合、重要な論点となる。アイヌ語地名研究の山田秀三(ひでぞう)は、古代の記録にみられるアイヌ語地名の使い手を、「アイヌ語族」と定義する。考古学の定義する「アイヌ文化」の成立以前にも、アイヌ語の使い手の暮らしがあったことを、慎重に表現しようとしているのだ。考古学のいう「アイヌ文化」は、ごく大雑把にいえば、自製の土器を用いない文化複合体を指しての定義である。単純な年代比定をするならば、日本史にいう

奈良時代は、「アイヌ文化」成立以前の擦文時代あるいは続縄文時代末期にあたる。ひるがえって、東北地方における擦文土器の出土範囲は現在の青森県域にとどまるが、続縄文土器の出土範囲は北東北一帯に及んでおり、それは東北地方におけるアイヌ語地名の分布域が密な地域と符合する。

　むろん、だからといって「続縄文土器の使い手」＝「アイヌ語の使い手」であると断定することは難しい。それでも重要なことは、13世紀に「アイヌ文化」の担い手が突如列島外から渡来した、あるいは「アイヌ文化」の成立は13世紀であるからアイヌ民族は列島の先住民族ではない、という俗説は成立しないことを示している、ということである。アイヌ語話者集団の歴史は、日本語話者集団の歴史と同様、少なくとも記紀万葉の成立した時代から、連綿と列島北部に継続してきた、ということを確認しておくことが重要である。近年ではこの時期を、「アイヌ史的古代」と明確に位置づけ叙述すべきとする議論が交わされる状況にある（蓑島栄紀「古代アイヌ文化論」吉村武彦ほか編『陸奥と渡島』角川選書、2022年参照）。

　いま、記紀万葉の時代から、と書いたけれども、それ以前の歴史はどう考えるべきか。日本史の教科書では、奈良時代以前の歴史も、その継続性を重視して通史として叙述されるのが一般的だ。つまり、先史時代などと呼ばれる旧石器時代・縄文時代・弥生時代・古墳時代、そして奈良遷都以前の飛鳥時代を、通史としての「日本史」として叙述しているわけである。しかしながら、先に触れたように日本語の使い手の姿は3世紀末以前には文献上は確認できない。先史時代の歴史を日本史として叙述するのは、地域的同一性に基づいているに過ぎないことになる。

　そう考えるならば、通史としてのアイヌ史も、少なくともアイヌ語地名の分布域については、日本史と同様、先史時代に遡及させて語ることができなければならないだろう。ただし注意しておかなければならないのは、縄文土器の使い手の言語・文化が、いわば冷凍パックのように近世・近代のアイヌ民族の言語・文化に継受されているなどとする俗説である。文化は時代に応じて変化するのが当然であり、それは和風文化でもアイヌ文化でも同様であろう。「アイヌ文化」の成立は、アイヌ語の使い手の連綿とした通史における、文化の変容として捉える視点が必要だ、ということである。

4. 「アイヌ文化」の成立

● アイヌ史の広がり

　ここまで、アイヌ史を通史的観点から考えてきた。いわば、アイヌ史の連なりに関する側面である。では、その舞台の地理的範囲は、どう捉えるべきか。いわば、アイヌ史の広がりに関する側面につき、考えてみたい。

　現在、アイヌ語地名のみられる地域は、北海道を中心に、サハリン南部・千島列島全域・本州東北地方北部とするのが一般的である。このうち本州については、近世には津軽・夏泊・下北の3半島北縁にその生活域は限定され、19世紀初頭に至り民族別支配がなされなくなると理解されている。

　一方、中国文献によるとサハリンへは、13世紀頃に「骨嵬」などと記される民族が盛んに北進し元朝と刃を交えており、これがアイヌ民族の進出を指すものと理解されている。千島列島に関していえば、オホーツク文化の担い手が退転したのちに、いわゆる「アイヌ文化」の担い手が列島全域を席巻するに至っている。先に述べたようにアイヌ語地名の分布域に符合する本州東北地方の続縄文文化の圏域と青森県域にほぼ限定される擦文文化の分布域、また18世紀の本州アイヌの生活域とこうした状況とを比較すると、その範囲が北漸していることに気づく。

　つまり、「アイヌ文化」の成立というアイヌ史上の画期は、地理的にいうならば、本州では北漸する一方、サハリン・千島列島では大きく北進・東進した時代と捉えることができそうだ。いわば、「アイヌ史的中世」の特質である。こうした大きな潮流のなかで、津軽海峡を挟んだ両岸では、和語・和

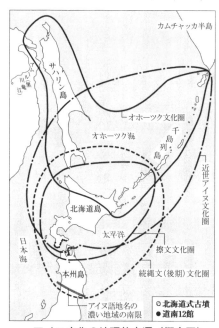

アイヌ文化の地理的変遷（概念図）
（山田秀三『東北・アイヌ語地名の研究』草風館、1993年、榎森編2003等により筆者作成。文化圏の範囲は概略。谷本晃久「アイヌ文化」歴史科学協議会編『歴史の「常識」をよむ』東京大学出版会、2015年より転載）

風文化の担い手とアイヌ語・アイヌ文化の担い手とが軋轢を伴いつつ併存する、一種のハイブリットな社会が形成されていたと捉えてよいだろう。その延長線上に、津軽安藤氏麾下の道南十二館の成立やコシャマインの戦いは惹起したわけである。こうしたなかで、一般にイメージされる近世のアイヌ社会——アイヌ語北海道方言の話者集団——が成立していくとみてよいだろう。

　一方、サハリン南部のアイヌ社会は、近世にはアイヌ語樺太方言の話者集団として、南の北海道アイヌ・日本とともに、北西のウイルタ・ニヴフ・ウリチならびに中国との関係を持した文化を形成していく。また、千島列島中・北部のアイヌ社会は、アイヌ語千島方言の話者集団として、南西の北海道アイヌ・日本とともに、18世紀以降北東から南下したロシアとの関係を軸とした文化が形成された。近代の民族誌の描くアイヌ文化の3つの個性である北海道アイヌ・樺太アイヌ・千島アイヌの社会集団の特質は、こうした状況のなかで磨かれたと捉えるべきだろう。

● 　エミシからエゾへ

　話を少し急ぎすぎたかもしれない。日本古代の記録には、先に触れた斉明天皇紀にみえる阿倍比羅夫や、さかのぼって景行天皇紀にみえる武内宿祢らによる征夷記事が散見される。教科書にも、7世紀から10世紀にかけて東北地方に居住した人々が「蝦夷：エミシ」と呼ばれていたことが示され、坂上田村麻呂が桓武天皇から征夷大将軍に任じられたことに象徴される征夷事業が、東北への城柵設置の状況とともに叙述されることが一般的である。

　ここで問題とすべきは、「蝦夷：エミシ」の定義であろう。かつてこの問題をめぐっては、民族集団を指すか否かの議論があり、なかにはエミシ＝アイヌと断定する解釈も示されてきた。結論からいえば、現在の研究ではエミシ＝方民と解釈されるのが一般的だ。方民とは、地方の住民を指す語で、ここでは朝廷の支配に服さない地方の住民を含意している。『アイヌ民族史の研究：蝦夷・アイヌ観の歴史的変遷』（吉川弘文館、2003年）の著者である児島恭子は、そもそも「蝦夷」という語が「政治的概念がきわめて濃厚な概念」であり「実態の民族を指す概念ではない」とし、一方で「蝦夷」が「（中央から）異民族視された存在」であるとも説明する。

4.「アイヌ文化」の成立

　一般的に「蝦夷」という語は、中国の華夷観念（中華思想）に基づく語で、「夷」とは「華」の対概念である東夷・西戎・南蛮・北狄の1つである。中華思想では、文化の及ぶ範囲（実体としては中国の直接支配の及ぶ範囲）が「華」であり、その外には化外の地（実体としては中国の直接支配の及ばない範囲）が広がっているという観念が共有されていた。これは、自文化中心主義（エスノセントリズム）の一種といえる。日本でもこうした観念を受容し、日本型華夷観念に基づく秩序を整えるなかで、東北地方の朝廷に服さない地域・住民を「夷」（東の野蛮人）とみなし、化外の存在として蔑視したことになる。児島のいう「異民族視」とは、こうした化外視を指していることになるだろう。

　では、エミシと呼ばれた人々の社会をどう捉えるべきか。7～10世紀頃の東北地方北部は、北方との連続性を有する続縄文文化の要素と、南方との連続性を有する古墳文化の要素とが併存する特質をもったと理解されている。先に触れた8世紀成立の『日本書紀』には、陸奥や出羽の蝦夷とともに「渡嶋蝦夷」が記され、朝廷が北東北・北海道南部の一帯の住民を「蝦夷：エミシ」と認識していたことは明らかであり、そこにはアイヌ語地名とともに末期古墳（北海道式古墳）と呼ばれる墳墓が分布する。考古学の藤本強は、日本列島の文化を北（アイヌ）、中（和＝日本）、南（琉球・沖縄）に三区分して考えるべきとし、そのそれぞれの接点に「ボカシの地域」という境界地域をみる（『日本列島の三つの文化』同成社、2009年）。エミシの社会を

古墳文化の北上と続縄文文化の南下
（熊谷公男「古代東北の歴史環境」吉村武彦ほか編『陸奥と渡島』角川選書、2022年より転載）

考えるには、こうした視点を補助線として考える必要がありそうだ。

　一方、「蝦夷」が「エゾ」と読まれるようになる中世以降、その対象はアイヌ社会に属する人々に限定されていく。北東北にあってそれは、青森県域に相当する擦文文化の範囲が、いわゆるアイヌ文化に移行し、津軽・夏泊・下北3半島へ北漸していく過程と照応させてみるべきだろう。こうした過程を経るなかで、北東北に暮らす多くの人々の持する言語・文化・アイデンティティは「蝦夷：エミシ・エゾ」やアイヌ民族のそれとは乖離し、和風のそれに収斂していくことになる。ただし、京都や鎌倉・江戸・東京といった和風の文化や権力の中心地から東北を「蝦夷」視する視線は長く継続し、地域の人々に複雑な自意識・歴史意識が醸成されることにも、目を向けておく必要があるだろう。

● **チャシとイオマンテの時代**

　最後に、いわゆる「アイヌ文化」の特質を示す2つの文化要素につき、説明をしておきたい。いわゆる「アイヌ文化」は、アイヌ史上で土器を用いなくなるという特質がある。厳密にいえば、「アイヌ文化」移行期には内耳土器という土鍋が自製されるが、鉄鍋を移入することが一般化し、その自製はみられなくなる。刃物や鍋を含む鉄製品や漆器、あるいは米や酒・綿布などを主に南の日本市場から入手し、木製品や樹皮（靭皮）衣を自製し、水産物や毛皮などを日本市場に移出するのが、「アイヌ文化」の物質文化的特質である。

　アイヌ考古学の宇田川洋は、「アイヌ文化」期を象徴する文化要素として、アイヌ語で城砦を意味するチャシ：casi の構築と、アイヌ語でイオマンテ：i-omante と呼ばれる熊送り儀礼（とりわけ飼熊送り儀礼）の展開を挙げる（『アイヌ考古学研究・序論』北海道出版企画センター、2001年）。和人との抗争を前提に16〜18世紀に盛んに構築されたチャシは、アイヌ社会の民族的自集団意識の象徴と捉えることができそうである。一方、イオマンテ儀礼は、擦文時代末期にはその遺構が確認され、送り儀礼はサハリン・アムールランドの諸民族とも共通する。熊を歓待しその魂を神の国へ送ることで、持続可能な豊猟を願うのが、儀礼の背景にある宗教観だ。サハリン北部・アムール川河口域に暮らすニヴフ民族の先祖とされるオホーツク文化の担い手からの影響で成立したという、このアイヌ社会の大祭礼には、漆器・陣羽織・清酒・刀剣などの和製品

が欠かせなかった。周囲の文化を取り入れながらアイヌ文化の独自性が展開した姿を、ここからはうかがえそうである。

　以上みてきたように、「アイヌ文化」の成立は、連綿としたアイヌ通史のなかで、自製土器を用いないという文化を展開させた点で大きな画期と捉えることができるだろう。また、その本州東北地方における分布範囲についていえば、先行する擦文文化や続縄文文化に比べ、青森県域以北に北漸していることも確認できる。エミシとの関連についていうならば、エミシと認識された人々にアイヌ語話者が含まれていたことは否定されないが、それが民族に基づいて定義された語ではなかった以上、区分を議論することは難しいということになる。

　北東北はアイヌ語地名が分布し、また擦文文化や続縄文文化の遺跡が広くみられる一方で前方後円墳がみられないなど、北の世界との連続性を色濃く示す地域性がある。これは、日本通史のスタンダードとは若干乖離する側面だろう。現在の住民の言語・文化・自意識は日本にある一方で、中央から向けられる視線に一種の異質さが投影され続けてきたことも、この乖離の側面について理解のしかたを複雑にしているといえそうだ。足下の歴史的経緯や風土を肯定し、地域を主語とした歴史叙述の言葉をどう紡いでいくべきか。古代・中世のエミシ・エゾ・「アイヌ文化」を考えるということは、北東北に暮らす人々の歴史意識に関する現代的課題を問うことにも繋がるものと考える。

（谷本晃久）

【もっと知りたい人のために】

　アイヌ民族の歴史や言語・文化を展示・研究する公的施設として、北海道の設置する北海道博物館に置かれるアイヌ民族文化研究センターと、国の設置する民族共生象徴空間（ウポポイ）に置かれる国立アイヌ民族博物館がある。北海道博物館では、常設の総合展示第1テーマ「北海道120万年物語」・第2テーマ「アイヌ文化の世界」で関連する内容の通観が叶う。国立アイヌ民族博物館では、常設の基本展示「私たちの歴史」でアイヌ通史を学ぶことができる。アイヌ民族を主語とした展示叙述の試みから、受け止めるべきことは少なくないだろう。

　北海道博物館　札幌市厚別区小野幌53番2号　TEL：011-898-0466
　国立アイヌ民族博物館　北海道白老町若草町2丁目3番1号　TEL：0144-82-3914

〈参考文献〉
榎森進編『アイヌの歴史と文化』Ⅰ・Ⅱ、創童舎、2003・2004年
北原モコットゥナシ・谷本晃久監修『アイヌの真実』ベスト新書、2020年
児島恭子『エミシ・エゾからアイヌへ』吉川弘文館、2009年
関根達人ほか編『アイヌ文化史辞典』吉川弘文館、2022年

第Ⅱ部　海峡地域の変容・動揺

史跡上之国館跡　勝山館跡（国指定史跡）（北海道上ノ国町）
日本海を望む地に松前氏の祖である武田信広が築いたこの館には和人とアイヌとが混住した痕跡が残されている（下の写真はアイヌと和人が埋葬された墓）

蝦夷地でアイヌ文化が形成される一方、和人たちは津軽海峡を渡り蝦夷地への進出を本格化させていく。和人は蝦夷地にいくつかの拠点を築き、そこで暮らすようにもなっていった。和人の進出によって、そこに暮らすアイヌの生活にも様々な影響が及ぶとともに、和人同士の衝突、和人とアイヌとの衝突が生み出されていく。アイヌはこうした和人たちの進出を受け止めながら、自分たちの社会を変容させていくことになる。海峡地域は、大きく揺れ動きながら、新たな段階へと入っていくことになる。

〔提供〕上ノ国町教育委員会

5. 海を渡った壺
―北方世界と平泉政権―

☞ **教科書では**

　10世紀頃から、都や地方では武士が成長し始めた。武士は、弓馬の技術に優れた都の武官や地方の豪族たちで構成され、宮廷の警備や地方での治安維持にあたった。やがて武士は一族や家来を組織化し、武士団を形成していった。そのなかには朝廷と対立する者も現れた。その代表的な出来事が平将門や藤原純友の乱である。朝廷は地方での武士団の反乱を鎮圧するために武士団をもって対抗し、特に勢力を伸ばしたのが源氏と平氏であった。

　このような状況の下で、11世紀後半に東北地方で起こった争乱が前九年合戦と後三年合戦である。この争乱は源氏と地方豪族である清原氏や奥州藤原氏によって鎮静化されたが、後三年合戦後、東北以北を管轄したのが奥州藤原氏である。その繁栄ぶりは中尊寺金色堂に象徴されるが、教科書での平泉の叙述は決して詳細ではない。奥州藤原氏が北の地に政権を築いた背景について、「海峡」という視点からみていきたい。

● **北海道厚真町で発見された常滑焼**

　1959年、勇払郡厚真町の工事現場から1点の壺が出土した。高さ40cm弱のその壺は古代の陶器である須恵器とみなされ、半世紀ほど注目されることなく埋もれた。しかし、2010年に12世紀の愛知県知多半島の常滑焼であることが確認された。常滑産の中世陶器としては国内最北、北海道では最古のものである。

　12世紀の常滑焼が北海道から出土したことは、中世史研究者に大きな衝撃を与えた。その理由は、従来は古代末期から中世前期の蝦夷ヶ島交易の拠点は、本州北部の青森県内の港湾であり、鎌倉時代までは、これらの港湾に北海道から蝦夷（アイヌ）の人々が交易品を携えて交易を行なったと考えられていたからである。青森県に近く津軽海峡に面した道南地方ならまだしも、はるかに北に入った道央の入り口に近い、厚真町からの常滑焼の出土は12世紀にはこの地に和人が進出していた可能性を示唆した。

　常滑焼の壺はその形状と遺跡の立地から、経塚の外容器の可能性が高いと指摘されている。経塚とは経典を土中に埋納した遺跡で、11世紀後半から13世紀に全国的に盛行した宗教的行為である。それでは、厚真の地に経塚を造っ

た人々は誰であろうか。いうまでもなく、この行為はアイヌの習俗ではなく、和人のものである。同時期に常滑焼が大量に出土しているのが、奥州藤原氏関連の平泉遺跡群である。常滑産や渥美産の中世陶器は、各地で流通していたが、平泉は当時最大の消費地となっていた。また、出土壺の状況から厚真町のものは、奥州藤原氏と関連が深い人々が経塚を造った可能性が高いと指摘されている。これらのことから、12世紀の北海道勇払の厚真の地に、平泉から派遣された仏教信仰をする和人集団が、海を渡りやってきたことが考えられる。和人集団を北の地に派遣した奥州藤原氏とはどのような一族なのか。

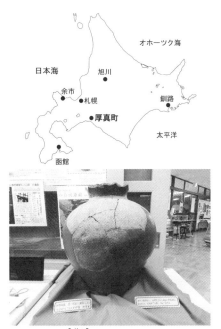

厚真町宇隆Ⅰ遺跡出土の常滑焼
（軽舞遺跡調査整理事務所提供）

● どのようにして奥州藤原氏は、平泉政権を誕生させたのか？

　奥州藤原氏初代の清衡は1056年に生まれた。清衡の父経清は、陸奥国の在庁官人（中央から赴任する国司を補佐する現地の役人）で亘理郡（現宮城県亘理郡亘理町・山元町一帯）を与えられて郡司に任命された。経清は、軍事貴族の伝説的存在である藤原秀郷を先祖とした、もとは在京の武士と考えられている。どの時期にどのような経緯で奥州の地に下向したのかは不明であるが、当時「奥六郡の主」と呼ばれ奥州北部に勢力を振るった豪族安倍頼時（はじめ頼良、のちに頼時に改名）の娘を妻とした。

　清衡が生まれた1056年、安倍頼時と陸奥守・鎮守府将軍源頼義との合戦である前九年合戦（1051〜62年）が再発した。経清は舅である頼時につき、安倍方の有力武将として活躍したが、1062年、奥羽の日本海側に位置する出羽国の

豪族清原氏の参戦で安倍氏側は完全に敗北した。経清は錆びついた刀で斬首されるという悲惨な最期を遂げた。安倍氏が統治していた奥六郡には鎮守府将軍に任命された清原武則(きよはらのたけのり)が一族を率いてやってきた。そして、清衡の母は、武則の嫡子武貞(たけさだ)の後妻となり、清衡は武貞の子として清原一族の一員として成長していった。

　奥州において急速に勢力を拡大させた清原氏であったが、一族での内紛が起こる。いわゆる後三年合戦である。この戦乱に対して白河(しらかわ)天皇をはじめとする中央政府は源義家(みなもとのよしいえ)を陸奥守に任命し、奥州に赴任させた。その後、合戦は沈静化し、義家は奥六郡を分割し、清原氏は家衡と清衡(いえひら)の勢力に二分され、その上に義家が君臨するという関係性ができあがった。

　しかし、1086年、奥六郡の分割に不満をもった家衡が義家に対して反乱を起こしたが、翌1087年に家衡は拠点とした金沢柵において敗れ、殺害された。また、義家は朝廷に内乱鎮圧の恩賞などを求めたが、逆に陸奥守を解任され、都への帰還を命じられた。ここに、清衡は清原氏唯一の生存者となり、奥州支配の後継者となった。その後の康和(こうわ)年間(1099年8月〜1104年2月)、清衡は平泉に本拠を築き、同時に中尊寺(ちゅうそんじ)造営を開始した。ここに清衡はかつて安倍氏と清原氏が担った「奥六郡の主」を継承し、平泉政権を誕生させたのである。

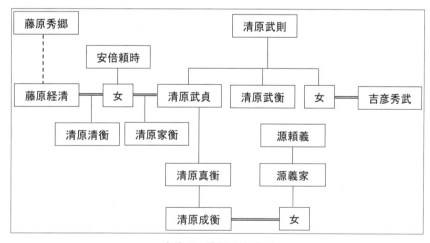

安倍氏・清原氏略系図

5. 海を渡った壺

● 平泉政権とは？

　清衡が継承した「奥六郡の主」とはどのような地位であったのか。「奥六郡」
とは現在の岩手県北上盆地に位置した胆沢・江刺・和賀・稗貫・志波・岩手の
六郡を指す。この地は10世紀初めに設置された胆沢城が管轄する特別な領域で
あった。安倍氏も清原氏も胆沢城の現地最高責任者である筆頭在庁として勢力
を伸ばしていった。また「奥六郡の主」は奥六郡のみを支配するのではなく、
それ以北の「蝦夷の地」も管轄する地位であった。安倍・清原・奥州藤原氏が
北方の交易品として中央政府に貢進した物品の中に、奥州の産物である馬や金
のほかに、北海道・サハリンの産物である鷲羽・水豹皮・貂皮などが含まれて
いることが、その管轄範囲を示唆している。さらに「中尊寺供養願文」（1126
年3月24日の中尊寺落慶供養の祈りに読み上げられた草稿）において清衡は以
下のように述べている。

　　　斯の時に当って、弟子苟も祖考の余業を資け、謬って俘囚の上頭に居
　　る、出羽・陸奥の土俗は、風に従う草の如く、粛慎・挹婁の海蛮は、陽に
　　向う葵に類たり、垂拱寧息三十余年、然る間、時享歳貢の勤は、職業失う
　　こと無く、羽毛・歯革の贄は、参期違うこと無し（斉藤2014、20頁）

　自分は「俘囚の上頭（エミシ・エゾの頭領）」として俘囚・蝦夷の人々を束
ね、「出羽・陸奥の土俗」を従えて官物・年貢の勤めを全うし、「粛慎・挹婁
（沿海州やサハリンの住人）の海蛮」の朝貢を受けて羽毛や毛皮の贄も期限を
違えず貢納されていると述べている。このことは「俘囚の地」北奥羽のみなら
ず、北海道やその先の民族をも管轄し、日本国の北の辺境に、北方の諸地域・
諸民族との交易を管轄する、日本国の枠組みを超えた地方政権を樹立したとい
う、清衡の見事な自己主張であると斉藤利男は指摘している。

　ただし、奥州藤原氏の交易世界は北のみならず、南とも結びついていた。中
尊寺金色堂にみられる螺鈿細工の原料である大量の夜光貝や、平泉の堂舎を飾
る紫檀・赤木材、その他の唐物などの物品は関東や北陸地方、そして九州の博
多商人経由で大陸などからもたらされたものであった。また、都の文化も積極
的に導入しつつも、独特の仏教文化を生み出したことも明らかになってきてい
る。斉藤はその独自性から、平泉政権を南の日本社会と北の蝦夷世界との境界
に生まれた辺境政権とみなし、「北方王国」を目指した権力と評している。

57

しかし、清衡は自らを「俘囚の上頭」と称しているが、奥州藤原氏が初めて蝦夷地との交易を開始したわけではない。安倍・清原が「奥六郡の主」と呼ばれる以前から本州と蝦夷地とのネットワークは存在したのであり、その関係性を発展させたのが奥州藤原氏である。

　それでは、平泉政権誕生以前の東北地方北部と北方世界との関係性はどのようなものだったのだろうか。そして、平泉政権の誕生により、どう変化したのだろうか。

● 平泉以前の北方交易はどのようなものだったのか？

　ここで平泉以前の北方交易にさかのぼり、10〜12世紀の北海道と東北地方北部の物流・交易状況と交易ルートについて概観し、奥州藤原氏と蝦夷地との関係性、そして、上述した厚真町に和人集団が派遣された背景についてみていく。

　鈴木琢也によると、8世紀後半〜9世紀は、律令国家勢力と擦文文化集団（蝦夷地における擦文土器を用いた蝦夷の人々）との出羽国秋田城を通じた「日本海ルート」による物流・交易が展開し、本州産の鉄製品・須恵器と北海道産の毛皮類などとの交易が行われていた。この交易は、蝦夷地から擦文文化集団が秋田城を訪れ朝貢し饗応されて行われることが多かった。

　10〜12世紀の北海道と東北地方北部との交易ルートについて、鈴木は遺跡の出土物などから検討している。鈴木によると、この時期はオホーツク文化が終焉を迎え、擦文文化が道央部から北海道北西部や北東部、南部まで拡散した。各地域の遺跡からは本州産の鉄製品や須恵器、銅椀などが確認され、北海道出土の須恵器の大部分が青森県五所川原産須恵器に代わる。さらに、この時期には青森県の岩木川水系河川河口域・下流域及び青森県日本海沿岸の河川河口域・下流域には、北海道日本海沿岸や石狩低地帯の河川河口域・下流域にみられる擦文土器と同様の特徴を示す土器の分布が確認されるという。このことから、北海道の日本海沿岸〜オホーツク海沿岸、石狩低地帯の河川河口域・下流域と、青森県岩木川水系河口域・下流域及び青森県日本海沿岸の河川河口域・下流域を主体とする地域の間で「日本海ルート」による物流・交易が展開していたとする。さらに物流・交易が活発化することで「日本海ルート」のみならず、北海道太平洋沿岸の河川河口域・下流域と、青森県外ヶ浜（現青森市周

辺）の河川河口域・下流域の間の「太平洋ルート」による交易も発展した。

　このような物流・交易が展開するなかで、擦文文化集団は恒常的に本州産の鉄製品などを入手するため、本州交易に必要な鷲羽や毛皮類などの交易品を獲得する狩猟・漁労活動を活発化させていく。11〜12世紀になると、北海道の擦文土器と同様の特徴をもつ土器が東北地方北部にもみられるようになり、これらの地域間における人的・文化的な往来があったことがわかる。

　この「日本海ルート」や「太平洋ルート」による本州との物流・交易の拠点として発展した地域が太平洋沿岸域の厚真や、日本海沿岸域の余市である。特に「太平洋ルート」による物流・交易の活発化が顕著であり、厚真町の遺跡群からは、大量の本州産鉄製品や、五所川原産須恵器などが出土している。厚真周辺は、東北地方北部との「太平洋ルート」物流網の1つの拠点として発展したと考えられ、北海道北部や東部から毛皮類や鷲羽なども集まったと推測される。

　一方、東北地方北部では、鉄や須恵器、米、塩などの生産が活発化し、外ヶ浜においても青森市石江地区で見つかった新田(1)遺跡のような交易拠点を経由して北海道にもたらされたと考えられる。新田(1)遺跡では、律令国家における国府や城柵で出土するのと同様の檜扇（貴族が正装するときに手にするもの）や、陰陽道系の祭祀遺物（物忌札・斎串・形代）などが出土しており、律令国家の出先機関の存在が示唆されている。また、この時期、東北地方北部の社会では、生産の拡大や交易による富の蓄積などを背景に、集落を束ねる首長層を有する集団が出現し、勢力争いが生じた。北の「防御性集落」とよばれる軍事的要素を含んだ集落が道南・東北地方北部に出現することがそのことを物語っている。

● 北方世界と平泉政権

　平泉政権は、この北方交易システムを継承・発展させ、蝦夷地との物流・交易を掌握していく。奥州藤原氏は、中尊寺を起点に白河関から外ヶ浜に至る奥大道の整備を行い、街道沿いに紫波町比爪館などの拠点を設置して、外ヶ浜までの地域を勢力下に組み込んでいった。これらの遺跡からは「平泉セット」と呼ばれる「手づくねかわらけ」や白磁四耳壺などが出土し、平泉と同様の宴会

儀礼が行われるなど、平泉との関係性が非常に深かったと考えられる。

　創建当初の中尊寺伽藍(がらん)の最大の特徴は、中尊寺の位置する関山(かんざん)上の巨大な堂舎が、一部を除いて南の平泉側からはみえず、北の衣川(ころもがわ)地区からのみその姿を眺めることができたことだという。つまり、創建当初の中尊寺が、「北を向いて建てられた寺」であり、平泉以北の奥六郡とさらにその北の「蝦夷の地」に向けて威厳を放つ目的があった可能性も考えられる。平泉政権が北海道との交易を掌握する過程で、平泉政権下の本州和人集団が、北海道太平洋岸の厚真周辺や日本海岸の余市などの交易拠点に進出し、交易システムを構築していったと推測されるのである。

　ほかにも平泉政権の影響力は、仏教に関わる経塚の造営にもあらわれている。東北地方北部の奥大道沿いに経塚が造られ、最近では外ヶ浜周辺の地域でも最北の経塚が

奥大道

発見された。これは、経塚を造営するような仏教を信仰する和人集団の進出を意味し、彼らが交易を担ったことも推測される。さらにこの集団が本州のみならず、蝦夷地の交易拠点にも進出したことは先に紹介した厚真町での経塚の出土から想像できる。

● 物流・交易の発展は北方世界の社会にどのような影響を与えたのか？
　本州からの和人集団の進出を背景にアイヌの人々は、和人から鉄鍋に代表される豊富な鉄製品や漆器などを入手し、土器を使用しない生活に次第に移行していく。本州からのモノの移動が13世紀前後に成立するアイヌ文化への移行（詳細は8章に記載）に影響を与えたことが指摘されている。平泉政権時代にお

ける本州和人集団の北海道への進出はモノだけではなく、経塚を代表するよう
に本州和人の習俗や信仰なども持ち込まれたと考えられる。しかし、その後、
厚真以外で経塚が発見されることもなく、この時期に仏教がアイヌ社会に浸透
したことを示す証拠はあらわれていない。アイヌの人々は必要なものを取捨選
択していき、必要性がないと判断したものは受容しなかったと考えられる。

　東北地方北部で誕生した平泉政権は、北方世界に経済的基盤を確立するとと
もに、統治者としての地位も確立した。北海道のアイヌの人々は、平泉政権の
和人集団からの渡来品により、自らの文化を変容させていった。

（金子勇太）

【もっと知りたい人のために】
　岩手県平泉町の平泉世界遺産ガイダンス
センターには、奥州藤原氏関連の遺跡に関
する情報や歴史資料が豊富に展示されてい
る。また、世界遺産としての平泉の文化的
価値の高さについても実感できる。
　周辺には中尊寺や毛越寺、ガイダンスセ
ンターと同様に奥州藤原氏関連の歴史資料
を展示する平泉文化遺産センターもある。
　東北自動車道平泉前沢 IC より南方向に
自動車で約7分の場所に位置する。
平泉世界遺産ガイダンスセンター　岩手県西磐井郡平泉町平泉字伽羅楽108-1
　　　　　　　　　　　　　　　　　TEL：0191-34-7377

〈参考文献〉
斉藤利男『奥州藤原三代』山川出版社、2011年
斉藤利男『平泉　北方王国の夢』講談社選書メチエ、2014年
鈴木琢也「平泉政権下の北方交易システムと北海道在地社会の変容」『歴史評論』第795号、
　　2016年

６．和人の進出とアイヌ社会の変容

☞　**教科書では**

　中学校の教科書では、中世の東アジアの学習で、日明貿易や琉球王国の説明と併せて、蝦夷地への和人の進出に関する記述が見られる。多くの場合、アイヌ民族の説明に続いて、和人が15世紀には館を築いてアイヌ民族と交易をしたと説明がなされる。和人は「本州の人々」、館は「和人の根拠地」という押さえである。資料としては、道南の館（いわゆる道南十二館）の位置や函館の志苔館の写真が使われることが多い。津軽と道南の関係については、津軽の十三湊が日本海を囲む地域との交易拠点として機能したという記述が見られる。しかし、和人が具体的にどのように進出したのかということは、教科書の記述だけではわからない。そこで、館を通した交易の推進と、寺院を通した宗教の伝播の2点に着目して、和人の進出の様子を探りたい。

●　**和人はいつ蝦夷地に渡ったのか？**

　蝦夷地に渡った和人の最古の記録はいつなのだろうか。文献史料をもとに足跡を探ると、松前景広が編さんした『新羅之記録』に、鎌倉時代から和人が蝦夷地へ渡ったという記述がある。渡った人物と年が明記されているのは、1432年に津軽十三湊を支配した安藤康季（『新羅之記録』では「盛季」と記載）が最古となる。権力闘争に敗れ、蝦夷地へ敗走したと記録されている。歴史の教科書にある「15世紀」という記述も、『新羅之記録』などを根拠にしていると考えられる（『新羅之記録』については、7章参照）。

　しかし、それ以前から和人の活動の痕跡は残っている。その1つが、函館市の称名寺に残る板碑である。1752年に、函館の大町で発見された。大町は函館山の麓の地名で、「箱館」という和人の館があったとされる場所の近くでもある。拓本によれば、阿弥陀如来の絵の下に「貞治六年丁未二月日、旦那道阿、慈父悲母、同尼公」とある。貞治6年は北朝で使われた年号で、1367年を指す。

　函館で発見された板碑はこれだけではなく、戸井地区（旧戸井町）からも2つの板碑が発見されている。この2つは文字の判読が難しいが、形状などから前述の板碑と同時期の14世紀後半のものと考えられる。遅くとも14世紀後半には、文化・宗教面でのアイヌ民族とは異なる痕跡が認められる。したがって、

6．和人の進出とアイヌ社会の変容

和人は14世紀の後半までには蝦夷地に渡って生活をしていたと考えられる。

● 昔から昆布は特産品だった

　和人は何のために蝦夷地へ渡り、どのように生活をしていたのか。進出の目的の1つであり、生業にもなったのが交易だと考えられる。

　特に、昆布は和人が進出した頃から蝦夷地の特産物の1つだったと考えられる。室町時代に編さんされた『庭訓往来』には全国各地の特産物として「夷鮭」と「宇賀昆布」の名が挙げられている。宇賀とは函館の古名であり、函館市には、現在でも「宇賀浦町」という地名が残っている。『庭訓往来』は手紙の形式で編さんされ、文例集の1つとして活用されたことを考えると、すでに室町時代には、「蝦夷地の特産物といえば、鮭と昆布である」という認識が広まっていた。そして、日本海の海上交通を利用して北陸から京都へと昆布が流通したことがわかる。近世には昆布は琉球王国を経由して清にまで運ばれるが、その「昆布ロード」の萌芽が室町時代に確認できるのである。

　また、初代の松前藩主となる蠣崎慶広は、1579年に秋田の安藤愛季へ「昆布弐百」と「玉鯨一掛」を献上したという記述がある（「奥村立甫家蔵文書」の「蠣崎慶広書状写」『新編弘前市史 資料編1（古代・中世編）』325頁）。領主間の贈答品に使うほどの良質の昆布が生産されていたと判断できる。

　『蝦夷島奇観』という19世紀の史料によれば、「汐首岬より東シカベ海浜」では「御上り昆布（一日天下昆布）」、「箱館東海」では「シノリ昆布」という良質の昆布が生産されていると

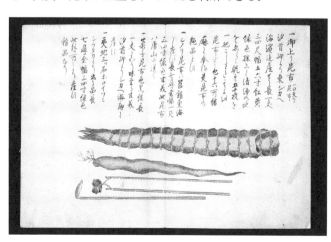

『蝦夷島奇観』「昆布の図」（函館市中央図書館所蔵）

説明がある。汐首岬は函館市戸井地区にあり、前述の板碑が発見された場所に近い。昆布の産地で和人の生活を示す遺物が残っているのは、偶然ではないだろう。日本の鎌倉時代や室町時代から和人が蝦夷地へ進出し、昆布の生産や流通に携わっていたと考えられる。

● 館は何のために造られたのか？

「館（たて）」とは、和人の領主層の居館であったと考えられている。発掘調査等によって位置が特定されたものを見ると、館は、港や河川の近くの小高く、見晴らしの良い場所に立地している。そして、周囲を土塁や堀で囲って防御性を高めている。

和人の館は、「城」というには規模が小さいが、砦のような広さと防御の仕組みをもつ。ただ、見晴らしの良さは、戦闘になれば相手からも見やすいという欠点になる。そうであるならば、支配層の和人が攻撃に備えること以外にも、館には何か目的があったと考えられる。

一般的に「館」といえば、鎌倉時代の武士の館（やかた）の印象が強い。武士の館は領地の中でも重要な場所に置かれ、田畑などの土地を管理する目的があった。規模や形状、時代には差があるものの、蝦夷地の館は、領主（館主）が何を管理するものだったのだろうか。海沿いや大きな川の河口部に近いという立地を考える限り、海上交通や交易を管理する意図があったと推測される。

和人商人の手によって、道南では乾燥させた昆布を本州に運んだり、本州から米が運ばれたりして、多くの船が行き交っていただろう。館の領主はそれらの通行を管理し、荷の上げ下ろしに関わって徴税をしていた可能性がある。

以上のように、館は平時には交易を管理し、戦時は砦として機能したと考えることができる。それでは、誰と戦ったのであろうか。

まず想起されるのは、アイヌ民族である。『新羅之記録』には、1457年にアイヌの攻撃によって次々と館が陥落したという記述がある。いわゆるコシャマインの戦いである。

だが、館を拠点とした和人の敵は本当にアイヌ民族だったのだろうか。蝦夷地に和人が進出する中で、和人同士の勢力争いが起こったとは考えられないだろうか。『新羅之記録』には、津軽での安藤氏と南部氏の争いについての記述

はあるものの、蝦夷地内で和人同士が戦ったという記述は見られない。「記述がないから和人同士の争いはなかった」とは言い切れない。確かなのは、多くの館が造られるほど、和人の社会が道南に形成されたということである。

● 和人の館はいくつあったのか？

和人の館は、どのくらいの数が存在したのか。正確な数はわからない。もちろん、時代による変化もあったことだろう。

『新羅之記録』には、1457年のコシャマインの戦いで攻撃を受けた館として、右の地図の12ヶ所の館が登場する。これらの館は、俗に「道南十二館」と呼ばれることがある。それぞれに館主の武士がいて、安藤氏の命によって茂別館主が「下之国守護」、（松前）大館館主が「松前守護」、花沢館主が「上之国守護」に任じられたとされる。

『新羅之記録』における道南十二館

しかし、この道南十二館の中で所在が確認されているのは、志苔館など半数ほどに過ぎない。例えば、「箱館」は函館の地名の由来という説があるが、実際に館が築かれたのかどうかは定かではない。

また、「道南十二館」と同時期にあったにもかかわらず、12の館に含まれないものもある。例えば、茂別館は北斗市茂辺地に土塁などの遺構が確認されているが、そこから北北東へ2kmほど離れた場所には、矢不来館跡がある。出土遺物から、15世紀後半～16世紀初頭に存立したと見られるが、矢不来館は道南十二館には含まれない。矢不来館のように文献に記載のない館があった可能性を考慮に入れると、館の数は12よりも多かったと考えられる。

なお、領主の支配領域の拡張に伴って、館は移転することがあった。松前藩

の祖となる武田信広（たけだのぶひろ）の場合は、最初は上ノ国を支配下に治めるが、道南全体を支配する段階になって松前へと居を移した。松前は日本海から津軽海峡への入り口に位置し、航行する船を管理するのに最適の地である。拠点となる城郭を築いた戦国大名のように、蝦夷地の領主は、勢力の拡大に合わせて新しい館を造ったり移転したりしていたものと考えられる。

● 志海苔の古銭はなぜ埋められたのか？

　道南十二館の1つに数えられ、函館市の志海苔（しのり）漁港近くの丘にある館が、志苔館である。志苔館といえば、古銭を連想する場合があるかもしれない。

　事実として、志苔館の付近からは、大量の古銭が出土している。3つの大甕に入った古銭の総数は38万7514枚に及ぶ。一括出土した古銭としては日本最多である。市立函館博物館には一部が展示してあるが、その量は圧倒的である。その多くは中国の北宋銭である。北宋銭の鋳造の年代は10〜12世紀である。

志海苔古銭の一部（市立函館博物館所蔵）

　古銭の中には、北宋の大銭（大きめの銭貨で価値が上乗せされたもの）の周囲をわざわざ削ったものもある。中国国内では大銭として流通していたが、日本国内では大銭は貨幣として認められていなかったため、本来の銭貨の価値を落としても、削って作り直す必要があったと考えられる。

　志海苔の古銭が埋設された理由は、結論からいえば定かではない。甕に納められた状態で出土したため、何らかの意図をもって銭貨を貯めていたか、あるいは貯まった銭貨を備蓄していた可能性がある。しかし、それらの銭貨が埋められたのか、埋めざるを得ない状況だったのかは不明な部分が多い。

　また、出土した地点は志苔館の直近であるため、志苔館と何らかの関係があると推測したくなるが、関連性は可能性としては高くない。なぜなら、古銭と館の年代がずれているからである。

6．和人の進出とアイヌ社会の変容

出土した古銭の中で最も新しいのは、1369年に初めて鋳造された明の洪武通宝である。一方、志苔館は発掘調査によって15世紀初頭の創建と見られている。また、1457年の『新羅之記録』では、コシャマインの戦いの舞台の1つに志苔館が登場する。志海苔の古銭と志苔館には、地理的なつながりがあるように見えるものの、年代では数十年以上の開きがある。直接の関連はないと考えられる。

志海苔の古銭が志苔館と直接に関わらないのだとしたら、この大量の古銭はどのような経緯で集まったのだろうか。その謎を解く鍵が昆布である。

志海苔の地域は昆布の一大産地であった。昆布の取引先は本州である。昆布の代価として本州の商人たちから銭貨を受け取り、備蓄した可能性がある。備蓄したのは交易を管理していた和人だと推測される。その子孫や役割を継いだ人物が、志苔館を築造したのかもしれない。

また、時代は古銭よりも新しくなるが、『新羅之記録』によれば、「志濃里」には「鍛冶屋村」があったとされる。志苔館跡の発掘調査では、鉄製品や鉄滓（スラグ）が出土している。鉄滓は鉄を加工した証拠である。

鉄製品は、和人が使用するだけではなくアイヌの人々に交易品として売られ、その代価に海産物を受け取った可能性がある。志海苔の地域の和人たちは、14世紀から日本海の交易ルートの一翼を担っていた。道南に進出した和人たちは、アイヌとの交易や本州の和人との交易によって財を成したと考えられる。

● たくさんの寺院が建てられた意味は？

和人の進出の証拠は、館だけではない。現存する多くの寺院から、宗教面でも和人社会が形成されたことがわかる。

蝦夷地の南部には、14世紀から15世紀にかけて多くの寺院が建立された。例えば、松前町に現存する阿吽寺は真言宗の寺院で、前述した安藤康季（盛季）が茂辺地（北海道北斗市）に建

阿吽寺（北海道松前町）

立し、1508年に松前に移転したと伝えられる。

　ほかにも、浄土宗、浄土真宗、曹洞宗、日蓮宗などの寺院が十数か所も建立されたと見られる。建立を進めたのは、津軽から蝦夷地に渡った安藤氏のほか、のちに松前藩の祖となる蠣崎氏のような和人の領主層にあたる人物たちであった。

　他の例としては、松前町にある法源寺(ほうげんじ)は、15世紀の半ばに奥尻島に草庵が作られたのが始まりとされる。のちに松前に移されて、武田信広(蠣崎信広)と、その子光広(みつひろ)の菩提寺となった。

　和人の進出に合わせて寺院が建立されたことには、大きく2つの意味があると考えられる。

法源寺（北海道松前町）

　1つは、北海道へ和人が進出して定着する中で、宗教施設を整備する需要が高まったことである。死者を弔(とむら)って先祖を供養する寺院が、社会生活を営む上で不可欠であった。また、前述した阿吽寺の場合は、祈祷をする目的があったとされる。

　もう1つは、仏教側の要請である。人々の移住が進む中で宗教を広めようとする動きは、洋の東西を問わず見られるものである。鎌倉新仏教の比較的新しい宗派の寺院が多いことからも、宗教の地方への伝達や勢力拡大の一環として寺院の進出が行われたことがわかる。寺院の進出は、北海道における和人社会や文化の広がりを示すものである。

● **津軽海峡を結んだ人・モノ・カネのダイナミックな動き**

　日本史における中世の時代、14世紀から15世紀にかけて北海道へ和人が進出する様子について、『新羅之記録』などの文献と考古学の資料、現存する寺社を参考に述べてきた。北海道へ和人が進出したこと自体が、津軽海峡を通って本州と北海道での人の移動が活発に行われた証左である。

　人の移動が活発になるにつれて、交易による移動が盛んになった。交易品に

は、道南で生産された昆布のほかに、北海道の他地域から道南に運ばれたモノもあっただろう。『新羅之記録』の中には、蠣崎氏が戦国大名にラッコの毛皮や鷹羽を贈答したと記されている。

また、当時は北海道で米を生産する技術はなかった。和人の定住が進むにつれて、食糧の確保として本州からの米の移入が増大したのは確実だろう。

津軽海峡に面する道南地域に、地元の産物のほかに北方からの産物と本州の産物が集まり、交易のネットワークを支える機能をもったと考えられる。大きな利益を得る人物がいたことは、志海苔の大量の古銭からも明らかである。

道南に築造された複数の館は、支配者層の武士たちが交易を管理することに利用されたと考えられる。モノが集まり、経済的な利益を生み出すようになれば、そこに集まる人も増える。利権を巡る争いが起こる可能性も高まる。豊かさ故に、緊張関係が生まれることがある。地域の姿が変化する激動の時代であったといえる。

道南に進出した和人は、本州との間で交易によるモノのやりとりだけをしていたわけではなかった。蠣崎氏は、アイヌとの戦いを経て和人の指導者としての地位を固める中で、主筋に当たる安藤氏の一族を含めて、東北各地の領主へ贈り物をしたり、婚姻関係を結んだりした。津軽海峡を海の道として使い、人・モノ・カネ・宗教などの移動や交流が活発に行われたのである。

(川端裕介)

【もっと知りたい人のために】
　市立函館博物館は函館山麓の函館公園内にあり、規模は大きくないものの、常設展示では考古資料やアイヌ民族風俗画、ペリー来航、箱館戦争、函館大火など地域に関連のある資料を収蔵・展示している。志海苔古銭も常設されている。
　函館市中央図書館は五稜郭公園に面した場所にあり、郷土に関する資料の豊富さでは、道内の市町村立の図書館として圧倒的な量を誇る。資料のデジタル化に積極的に取り組んでおり、ホームページでは「デジタル資料館」として多数の資料を公開している。今回紹介した「蝦夷島奇観」も、高解像度のフルカラーの画像を自宅から閲覧できる。
　市立函館博物館　　函館市青柳町17番1号　　TEL：0138-23-5480
　函館市中央図書館　函館市五稜郭町26番1号　TEL：0138-35-5500

〈参考文献〉
加藤雄三ほか編『東アジア内海世界の交流史』人文書院、2008年
北海道・東北史研究会編『北からの日本史』第1・2集、三省堂、1988・1990年
入間田宣夫ほか編『北の内海世界』山川出版社、1999年

7. アイヌ民族と和人の衝突
―コシャマインの戦い―

☞ **教科書では**

　多くの教科書では、和人の進出がアイヌの人々のくらしを圧迫したという表現が目立つ。15世紀になると蝦夷地の南部に和人が移り住み、館と呼ばれる根拠地をつくって、アイヌと交易を行ったが、アイヌの人々のくらしが圧迫された結果、コシャマインの戦いが起こったという流れである。また、資料としていわゆる道南十二館の地図と志苔館跡の写真が掲載されている教科書も多い。和人の進出によってアイヌのくらしが圧迫されたことが、コシャマインの戦いの原因だったのだろうか。教科書よりも視野を広げて、14～16世紀の北東アジアにおけるアイヌ民族の動きについて文献史料から考えたい。

● **『新羅之記録』に信憑性はあるのか？**

　教科書の記述は『新羅之記録』という史料の記述に沿ったものである。しかし、『新羅之記録』の信憑性はどのくらいあるのだろうか。新藤透は『新羅之記録』の現存する写本を詳細に比較検討し、史料としての信憑性に疑義を呈している。それでは、『新羅之記録』はどのように成立して、どのような課題があるのだろうか。

　『新羅之記録』は、松前藩初代藩主の松前慶広の六男、松前景広が編さんした歴史書である。冒頭は神話の記述から始まり、松前藩の氏神とされる園城寺の新羅明神関係、出身とされる若狭武田氏関係、津軽の安藤（安東）氏関係、蠣崎氏関係、松前氏関係と内容が続く。

　『新羅之記録』には、史料として次の3つの課題がある。1つ目は、江戸時代の1646年に成立したことである。中世の記述は松前藩成立後に書かれたことになる。同時代の史料で

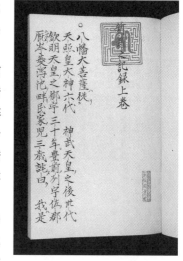

『新羅之記録』の冒頭部分
（函館市中央図書館所蔵）

はない。

2つ目は、典拠となる同時代史料が見つかっていないことである。そのため、記述内容の裏付けを図ることができない。後世に編さんされた史料の中で『新羅之記録』より古いものとして、『寛永諸家系図伝』の「松前系図」がある。しかし、これも1643年の成立である。『新羅之記録』のわずか3年前である。

3つ目は、松前藩主の一族が編さんした点である。藩にとって都合が悪い事実が記載されない可能性や、都合の良い解釈を加える可能性は十分にある。

以上のことから、『新羅之記録』の信憑性は決して高くないといえる。同時代の文献史料が見つかっていないため、他の文献を使って裏付けをとることも難しい。したがって、教科書では『新羅之記録』の記述にもとづいて、コシャマインの戦いや館の情報を掲載しているが、どこまで事実を反映しているのか、慎重に検討する必要がある。

● 『新羅之記録』のコシャマインの戦いの記録は正しいのだろうか？

『新羅之記録』のコシャマインの戦いに関して、1つ誤っている可能性の高い記述がある。それは、原口館である。『新羅之記録』では、コシャマインの戦いで陥落した館の中に、「岡辺六郎左衛門尉季澄」が治めた原口館が登場する。これは、かつては松前町原口に所在したと考えられていた。

しかし、1993年の発掘調査によって原口館と考えられていた遺跡は、10～11世紀の防御性集落であることが明らかになった。これは擦文時代に該当し、コシャマインの戦いの頃の遺構は見つかっていない。

一方で、江戸末期から明治初期の史料ではあるが、『松風夷談』には原口館の岡辺季澄に関して次のような記述がある。

文政四年、箱館ノ東ニトイト云フ処ニテ古銭掘出シ、洗ヒテミガキ候処文字分リ大観通宝開元永楽洪武銭ノヨシ〔中略〕

陸ニ岡部館トイフ処コレアリ。右ノ処ニ石碑アリ、公辺御役人中ヨリ右石碑石摺ニ申付ラレ摺候ヘ共、文字聢ト相分リ申サズ、右石摺ノ内ニ岡部六弥太六代孫岡部六左衛門季澄ト云名ノ所斗リ顕然ト分リ候〔後略〕（『松風夷談』「戸井村岡部館の古蹟と其発掘物の事」函館市中央図書館所蔵；新藤2009、320～321頁より再引）

1821年に戸井（現函館市戸井地区）で大量の古銭が見つかり、付近の「岡部館」という場所には石碑が残っている。石碑の内容は定かではないが、「岡部季澄」という名をはっきりと確認できる。

以上のことから、『新羅之記録』にある15世紀には、松前の原口館は確認できていない。『松風夷談』で伝えられるように、岡辺氏が拠点としたのは戸井の通称「岡部館」であった可能性はある。そうすると、教科書には道南十二館の地図が載っている場合が多いが、この地図を事実のように記載するのは問題が生じる。

もちろん、一部の記述の不正確さをもって、『新羅之記録』に書かれたことのすべてを否定することはできない。しかし、同時代史料ではなく、松前藩の関係者が編さんした歴史書である以上、松前藩にとって都合の良い事実が書かれたり、事実を都合良く書き換えたりする可能性があることに留意すべきである。

● コシャマインの戦いとは、どのようなものだろうか？

コシャマインの戦いは、『新羅之記録』によれば「長禄元年五月十四日」に起こったとされる。1457年のことである。「夷狄蜂起」によって志苔館、箱館が攻撃を受け、その後は中野館、脇本館、穏内館、覃部館、松前大館、祢保田館、原口館、比石館の館主たちが攻め落とされたと記述されている。そして、茂別館と花沢館の2つだけが「堅固に城を守」った。

そして、花沢館にいた武田信広が「惣大将」として「狄之酋 長 胡奢魔犬父子二人」を射殺し、「侑多利」（「仲間」の意）を斬り殺し、「凶賊」を「敗北」させたとある。武田信広はコシャマインの戦いでの活躍が認められ、茂別館主の下国家政から刀をもらい受けた。さらに、主筋に当たる津軽の安藤政季の息女と婚姻し、洲崎館（現上ノ国町）に移り住んだとある。

『新羅之記録』の3年前に書かれた「松前系図」では、コシャマインの戦いに関する武田信広の動きの説明が異なる。「松前系図」では年代が明記されてないが、「夷蜂起」によって、志苔館、箱館、松前大館が陥落したが、「下国」（茂別館）と「上国」（花沢館）が「堅固に城を守った」となる。その頃、武田信広が若狭から商人の船で松前に来て、「武者奉行」として「夷」を討ち取ったとある。

7．アイヌ民族と和人の衝突

　「松前系図」と『新羅之記録』を比べると、陥落した館の数、武田信広が松前に来た時期、武田信広の肩書の3点が異なる。『新羅之記録』編さんの動機として、同書には「年譜にかれこれ相違のことあり」と記されている。年譜（「松前系図」）の誤りを正す意図で『新羅之記録』は編さんされた。

　『新羅之記録』では、武田信広がアイヌの蜂起の時点ですでに蝦夷地にいたことになっており、地位も武者奉行から惣大将と格上げされている。結果として、松前藩にとってはより都合の良い内容になっている。

　コシャマインの戦いは和人側の勝利で終わるものの、数多くの館が攻撃を受け、残ったのは茂別館（現在の北斗市茂辺地）と花沢館（現在の上ノ国町）の2つだけである。蝦夷地の和人は、15世紀半ばから16世紀初めにかけてアイヌからの攻撃を受け、勢力を大きく後退させたといえる。

　『新羅之記録』には、コシャマインの戦いを含めて、年号が明記されたアイヌ民族の攻撃が右のように8回ある。1512年の攻撃については、志苫館の発掘調査では16世紀に使用された痕跡が見つからなかったため、信憑性が疑われる。和人同士の戦闘をごまかすために、アイヌ民族の攻撃として記述したのではないかと推測する説もあるが、裏付ける史資料はない。いずれにせよ、15〜16世紀の蝦夷地での戦乱は、和人社会の勢力図を大きく変え、武田信広の一族が地位を向上させる結果となった。

1457	胡奢魔犬（コシャマイン）らが各地の館を攻める
1512	夷賊（いぞく）が宇須岸（うすけし）・志濃里（しのり）・与倉前（よくらまえ）を攻める
1513	夷狄（いてき）が松前大館を攻める
1515	庶野蒥崎（ショヤコウジ）兄弟が松前大館を攻める
1528	狄（エゾ）が松前大館を攻める
1529	多那嶮（タナサカシ）が上之国和喜之館（わきのたて）(勝山館)を攻める
1531	狄が松前大館を攻める
1536	多離困那（タリコナ）を和睦の場で切り殺す

● **コシャマインの戦いのきっかけは和人の圧迫なのか？**

　コシャマインの戦いのきっかけは、何だったのだろうか。きっかけとして挙げられるのは、志海苔（しのり）の鍛冶屋村でのアイヌ青年の殺害事件である。

　この事件は、『新羅之記録』の記述によれば、「志濃里」（しのり）（現函館市）に鍛冶屋村があり、1456年の春に村を訪ねてきたアイヌの青年「乙孩」（オッカイ）が「蠣刀」（マキリ）

（小刀）の「善悪価」（出来の善し悪し、値段）を巡って鍛冶屋と争いが起こり、鍛冶屋によって突き殺された。それをきっかけに「夷狄」が蜂起して1456年の夏から1525年の冬まで、「村々里々」の「者某」（和人）を殺したとある。生き残った和人たちは松前と「天河」（現上ノ国町）に集住したという。

　以上の記述からわかるとおり、『新羅之記録』では志海苔でアイヌ民族が殺された事件とコシャマインの戦いを、直接には結びつけていない。あくまで、1456年から1525年までの夷狄蜂起のきっかけである。その蜂起の中でも特に大きな戦いとして記されるのが、1457年のコシャマインの戦いに過ぎない。

　それでは、中学校の教科書にある「和人の進出がアイヌ民族のくらしを圧迫した」という解釈は、何を根拠にしているのだろうか。実は、史料には和人の進出に関する記録はあっても、アイヌの人々が圧迫されたという記述はない。むしろ、鍛冶屋村の一件を見れば、和人とアイヌとの間で日常的に取引があったことがうかがえる。乙孩が突き殺された際の取引では、マキリの質を巡る衝突があったが、日常的にアイヌにとって不公平な取引が繰り返されていたと解釈することはできない。つまり、教科書の記述の根拠は確認できない。

　中世の蝦夷地において、和人の進出がアイヌの人々を圧迫したという解釈は、近世以降のアイヌと和人の歴史のイメージに引きずられている可能性がある。「和人によってくらしが圧迫されたアイヌ民族が立ち上がった」という状況を史料から読み取ることはできない。逆に、これも憶測の域を出ないが、アイヌの青年が殺害されたことを口実に、アイヌ側が攻撃を仕掛けたと想像することもできる。コシャマインは敗れたものの、中世のアイヌ民族の勢力の強さは史料から読み取ることができる。

● **コシャマインの戦いはどのような背景で起こったのか？**

　コシャマインの戦いについて、『新羅之記録』の記述を確認しても、「和人の進出によるアイヌ民族のくらしの圧迫」という要因は確認できない。それでは、コシャマインの戦いは、どのような背景の中で、何の要因の影響を受けて起こったのだろうか。考える鍵となるのは、海峡を越えた地域の記録にある。

　1つは、十三湊を支配した安藤氏である。十三湊は、中世の北東アジアにおける拠点港であった。その安藤氏関係の記録に、応永年間（1394～1428年）の

「北海夷狄の大動乱」がある。次のような出来事である。

　　応永年中四月朔日、関東の諸国兵乱、於是北海夷狄大に動乱を起し止む
　　時なし、康季及ひ弟鹿季、兵を帥ひ夷狄を誅し大功あり、重て将軍康季・
　　鹿季へ賜ふ、両将とも夷狄征伐の事を司る（「秋田風土記」『新編弘前市史
　　資料編1（古代・中世編）』228頁）

　14世紀の末から15世紀にかけて、関東の兵乱と同時期に「北海夷狄」が動乱
を起こしたが、安藤康季と鹿季が討伐したとある。動乱の具体は確認できない
が、コシャマインの戦いが起こる数十年前の出来事である。安藤氏はこの後に
南部氏との争いに敗れ、いったん蝦夷地へ渡る。その時に同行したのが蠣崎氏
ら館を拠点にした武士たちである。つまり、和人が蝦夷地に数多く進出する以
前から、アイヌと和人の衝突があったと考えられる。

　コシャマインの戦いの背景について、もう1つ注目すべきは、宗谷海峡を越
えたサハリンや、間宮海峡を越えた沿海州における、中国王朝とアイヌの関係
である。『元史』によれば、1264年に元はアムール川下流域で「骨嵬」を攻撃
した。骨嵬は、サハリンからアムール川下流域に侵入を繰り返しているため、
のちの樺太アイヌにつながる集団だと考えられている。

　明の時代の1409年には、アムール川下流域に「奴児干都司」が設置され、永
寧寺を建立する。この寺は一度破壊されるが、再建される。建立時と再建時に
作られた碑文（1413年と1433年）によって、明の支配がサハリン南部にまで及
んだことがわかる。アイヌ民族にとっては、沿海州地域で明と交易するルート
が存在したと推測できる。しかし、奴児干都司は1435年に廃止され、さらに
1449年に土木の変が起こると、明の北方支配は弱まったと考えられる。

　以上のようなサハリンや沿海州における情勢の変化が、蝦夷地での「夷狄の
蜂起」に影響を与えた可能性はないだろうか。明との北方の交易ルートが弱ま
れば、その分南方の和人との交易が重要になる。明と交易をしたアイヌと、和
人と交易をしたアイヌとは別の集団と考えられるが、中国の産物がアイヌを経
由して和人に伝わっていたことを考えると、北方の情勢の変化が蝦夷地全体に
影響を与えた可能性は十分にある。教科書にあるような説明よりも、視野を広
げて北東アジア全体に着目することで、歴史の流れを的確に捉えることができ
るだろう。

● アイヌ民族は北方でどのような活動をしていたのか？

アイヌと和人にとっての交易の重要性は『新羅之記録』からもうかがえる。1551年、蠣崎季広(かきざきすえひろ)（武田信広のひ孫、初代松前藩主松前慶広(よしひろ)の父）は、長年戦いを繰り返していた「夷狄」に「翫好の寶物(がんこうのほうもつ)」(珍重される宝物)を与え、和睦する。和睦の際に注目したいのが「夷狄之商舶往還之法度(いてきのしょうはくおうかんのはっと)」という交易に関する取引を結んだことにある。知内と上ノ国にアイヌの「酋長(しりうち)」が配置され、全国各地から来る商人から「年俸」を集め、アイヌに配分することが示されている。『新羅之記録』は蠣崎氏が上に立つように記載されているが、和人の商人から集めた税をアイヌに配分する仕組みは、アイヌにとっても利益が大きい。

また、コシャマインの戦いの前と比べれば、アイヌの指導者が知内と上ノ国にいること自体が、和人の勢力の後退を表しているとも解釈できる。いずれにせよ、戦闘をしていた関係からすぐに協力関係に転じ、アイヌと和人の支配層の手によって交易を安定して行う仕組みが構築されたことから、アイヌにとっても和人にとっても、交易が優先度の高い事項だったとわかる。

● アイヌ民族と和人は共存したのか？

アイヌ民族と和人の対立以外の関係を示唆する資料として、上ノ国の勝山館と周辺から発掘された遺構と遺物がある。勝山館は、15世紀後半に武田信広が築いた城郭である。勝山館周辺からは、祭祀具のイクパスイや刻印（シロシ）の入った漆器椀など、アイヌに関する遺物が出土した。

洲崎館跡出土の骨角器とガラス玉
（上ノ国町教育委員会提供）

また、勝山館と背後にそびえる夷王山(いおうざん)の間には墳墓が点在し、約40基が発掘されている。そのうちの2基は、アイヌの葬法で埋葬されている。

勝山館以外にも、アイヌに関連する遺構や遺物は発見されている。例えば、

勝山館の前に武田信広が居館とした洲崎館では、骨角器やガラス玉が出土している。

『新羅之記録』で、繰り返しアイヌと和人の戦闘が記述される時代に、勝山館を中心とした地域では、和人とともにアイヌが暮らしたことは確かである。「和人によって搾取されるアイヌ民族」というイメージからいったん離れて、中世におけるアイヌ民族と和人の関係を捉える必要があるのではないだろうか。

(川端裕介)

【もっと知りたい人のために】
　勝山館跡は国史跡として復元整備が進んでおり、遺跡内を歩くと、中世の和人の姿を思い浮かべることができる。敷地は広く、ゆっくり回ると2時間はかかる。館跡の後方、夷王山の近くにはガイダンス施設がある。ガイダンス施設には、復元模型や復元CG、一部の出土品のほか、墳墓のレプリカが展示されている。今回紹介したアイヌ民族の葬法で埋葬された墓のレプリカもある。

勝山館跡ガイダンス施設　北海道檜山郡上ノ国町字勝山427番地
　　　　　　　　　　　　　TEL：0139-55-2230

〈参考文献〉
網野善彦ほか編『北から見直す日本史』大和書房、2001年
村井章介ほか編『北の環日本海世界』山川出版社、2002年
天野哲也ほか編『北方世界の交流と変容』山川出版社、2006年
榎森進『アイヌ民族の歴史』草風館、2007年
新藤透『松前景広『新羅之記録』の史料的研究』思文閣出版、2009年

8．モノから読み解くアイヌ社会への和人文化の浸透

☞　**教科書では**

　14～15世紀頃から渡島半島に進出した和人（本州の人々）は、港や館を拠点とした居住地を造り、アイヌの人々との間で、本州からもたらした米や日用品をサケ、昆布、毛皮などの物産と交換した。交易された物品は都に運ばれ、珍品として民衆の手に届くようになった。一方、蝦夷地では交易などを巡るアイヌと和人との対立が生じるようになった。

　教科書では、蝦夷地からもたらされた品物についての記載はあるが、本州からの品物がアイヌ社会に与えた影響に関する叙述はほとんどみられない。それはアイヌが無文字社会であったことにも起因すると思われる。しかし、昨今の考古学などの研究成果からモノの視点からアイヌ文化と和人文化との関連性が明らかになってきた。本章ではモノからわかる和人文化の浸透によるアイヌ社会の変容についてみていきたい。

● **本州からの品物はアイヌ社会でどのように使用されたのか？**

　次の頁にある絵はアイヌを代表する儀礼の1つである、イオマンテ（霊送り儀礼）を表したものである。イオマンテとは、クマなどの姿で人間の世界に遊びにきた神々を歓待し、再び神々の世界に送り返すための儀礼である。クマのイオマンテが有名だが、本来はクマ以外の動物も対象となる。このイオマンテの成立時期は明らかになっていないが、文献史料などから17世紀には成立していたと考えられている。

　この絵は、江戸期のイオマンテをモチーフとした画題と考えられるが、この絵画中で本州からの品物または和人文化の影響を受けた物がいくつか描かれている。例えば、奥には着物や日本刀らしきものが神への捧げものとして描かれているし、手前のアイヌの人々、数人が和人の羽織のようなものを着ている。さらには、器には漆器と思われるものが使用されている。これらは、アイヌの人々が和人との交易で入手したものであり、儀礼には必需品であった。つまり、本州からの交易品がアイヌ文化の代表的儀礼であるイオマンテを支えていたことになる。本州からの品物は、アイヌ社会にどのような影響を与えたのか。

8．モノから読み解くアイヌ社会への和人文化の浸透

イオマンテの様子
（上田雪渓「アイヌ熊祭狩猟図屏風」市立函館博物館所蔵）

● アイヌ文化はどのように成立したのか？

　アイヌ文化の成立及びその定義については、第4章において述べられているように、多角的な視点が必要であるが、考古学的な検討を抜きには考えられない。近年は、アイヌ文化やそれ以前の擦文文化も和人社会との交易を前提とした文化であるとの考え方が多いようである。

　考古学的には、擦文文化からアイヌ文化への移行は13世紀前後とされているが、擦文文化は土器の消滅をもって、その終末と考えられている。土器に替わるものとして、鉄鍋が本州から移入してきたのである。この時に移入してきた鉄鍋は内耳鉄鍋と呼ばれるもので、内側に吊り下げるための鉤状の耳が取り付けられている。これは弦が炎に当たって焼き切れないようにしたもので、擦文土器にもみられた形態であったが、大型のものを生産できず、本州からの鉄鍋が用いられるようになった。また、鉄鍋の使用は住居形態にも変化をもたらし

79

た。壁際に竈を備えた竪穴住居から中央部付近に囲炉裏を設けた平地式住居に大きく変化することになる。関根達人によれば、擦文文化からアイヌ文化への変化は、地域的差異はあるものの、大局的には〈竪穴住居＋土器〉から〈平地式住居＋鉄鍋〉という組み合わせの変化であるという。

鉄鍋以外にも鉄製品が蝦夷地に多く移入してきたが、アイヌ文化が成立した中世から近世にかけて、蝦夷地では鉄製品を加工することはあっても、生産することはなく、鉄鍋を含めた鉄製品の大半を本州からの移入品に依存していたようである。また、本州からアイヌに渡ったこれらの鉄製品は、近世期の樺太から黒龍江（アムール川）下流域の諸民族との交易、いわゆる山丹交易においても用いられ、蝦夷錦や鷹羽と交換された。

内耳鉄鍋
（岩手県教育委員会所蔵）

● アイヌの人々は本州からのモノをどのように使用したのか？

蝦夷地における鉄鍋の普及がアイヌ文化への移行の一因であることを確認したが、話をイオマンテに戻そう。アイヌ文化をイメージする時にイオマンテなどの祭事の場面が目に浮かぶと思うが、そこには漆塗りの木椀、酒杯、行器（儀礼の際に食物を運搬する目的で用いられた容器）あるいは蝦夷刀（アイヌ刀）ともいわれる独自の刀、首飾り（タマサイ）用の玉飾りなどの品々が存在する。これらの多くは「イコロ」（宝物）と呼ばれ、本州からの移入品である。

ここでは、アイヌの人々が用いた本州からの品物をいくつかピックアップして、それらがどのように使用されていたのか、アイヌにとってどのような価値があったのかを考えてみよう。

〔酒とタバコ〕

アイヌと和人との関係性をみていく上で、酒とタバコは非常に重要である。江戸期のアイヌの人々の様子を描いた絵は多くあるが、アイヌの人々が儀式の際に飲酒をしている場面がみられる。また、1669年に勃発したシャクシャイン

の戦いでは、中心人物であったシャクシャインは和睦交渉の酒宴の席で松前藩に討ち取られてしまう。このことからもアイヌ社会に飲酒の習慣が浸透していたことがわかる。

本来、酒はアイヌにとって嗜好品ではなく宗教的儀礼に用いられ、その酒を入れる器として漆器が威信財として所有された。天目台(てんもくだい)の上に載せた杯の上に横置きされるイクパスイは、アイヌ文化特有の酒を神に捧げる道具で、漆塗りされたものも少なくない。

イクパスイと酒杯

酒は対アイヌ交易において、米・糀(こうじ)・煙草(タバコ)・煙管(キセル)とともに蝦夷地産品の交換比率を示す際の基準品目であった。ちなみに米の多くはアイヌによって酒米として利用されたとも考えられている。近世に行われたオムシャ(役人などがアイヌの人々を集めて、幕府の法令や規約を伝える場で酒・タバコが贈与され、酒宴も伴った)でアイヌに配給される酒は、役職や年齢、功績に応じて種類や分量が細かく決められており、和人が酒をアイヌ支配の道具として巧妙に利用したと考えられている。このような和人から酒が提供される環境が整うにつれて、アイヌにとって酒は儀礼的な意味合いが薄れ、嗜好品へと変わっていったと推察される。

一方、タバコも酒と同様に交易の基準品目とされ、煙管とともにアイヌの需要が高かったと考えられる。喫煙の風習は16世紀末に南蛮人によって日本に伝来し、急速に日本社会に広まった。関根はアイヌ墓の副葬品とされた煙管の分布域などの分析から、その副葬率が4割前後の高い比率であることを明らかにしている。その上で、アイヌの喫煙率は和人よりも上回ると推察している。アイヌの人々は金属製煙管を交易や首長間の挨拶儀礼であるウイマム、オムシャを通して入手した。喫煙も酒と同様に元来は儀礼的な習俗であったが、和人がタバコや煙管を大量に提供する環境を整えたことで、飲酒以上に早くから儀礼的意味合いが薄れ、日常生活習慣化が進んだと考えられる。

酒・タバコは和人社会の近世において流通する商品ではあるが、中世におけ

る蝦夷地への広域物流システムの成立なしでは、アイヌ社会には移入されず、このシステムの成立がアイヌ社会の変容に大きく関わっているといえよう。

〔漆器〕

アイヌ社会の重要な祭祀に伴う飲食器の1つとして漆器が威信財として珍重（ちんちょう）されてきたが、これも蝦夷地で生産されたものではなく、和人社会から移入された。北海道内では海岸部や大河川周辺、内陸部の交通の要衝地を中心に中・近世のアイヌ関連遺跡が多数発見されており、多くの漆器の出土が報告されている。

北野信彦によれば、北海道の出土漆器は、①中世期に「渡党」（わたりとう）と称せられる武士集団が蝦夷地内に居住を開始した道南地域の居館跡遺跡などの和人地関連遺跡出土漆器、②蝦夷地のアイヌ社会の中に交易などを通じてもたらされ、生活風習の中に取り入れられたアイヌ関連遺跡出土漆器、の2種類に大別される

アイヌが使用した漆器
(『蝦夷島奇観』市立函館博物館所蔵)

という。

　後者のアイヌ関連遺跡出土漆器については、中世には京都・近江などの畿内地域→若狭・敦賀を経由した日本海ルート、鎌倉・松島などを通じた太平洋ルート、鎌倉→奥州内陸の陸路ルートなどを通じて、まず蝦夷地内の和人居住地に搬入され、その後、アイヌ社会に浸透していった可能性が指摘されている。近世になると、京都から日本海ルートで搬入された優品漆器も移入されたほか、本州各地で生産された一般的な漆器も移入された。

　アイヌ社会に受容された漆器は、杯（トゥキ）・高杯（タカイサラ）・膳（オッチケ）・片口（エトゥヌップ）・耳盥（キラウ_シ_パッチ）・行器（シントコ）などが多く、中世以降の和人社会でよく目にする組椀や手箱・硯箱といった類の漆器には興味を示さなかったらしい。アイヌにとっての漆器はあくまで酒儀礼の道具であり、酒器ないし酒を醸すための容器だったと考えられる。ちなみにアイヌは交易により、陶磁器も入手する機会はあったが、幕末に至るまで食膳具として使用することはなかった。また、喫茶の風習や仏教も同様である。さらに中世の日本では貨幣経済が浸透していったが、アイヌの人々は銭貨を装飾品に転用することはあっても、貨幣として使用することはなかった。中世以降の和人地との交易により、様々なモノが蝦夷地に移入されたが、和人社会の価値観がそのままアイヌ社会に受容されたわけではなく、アイヌの人々は必要性に応じて取捨選択をしていった。

〔刀〕

　アイヌの人々にとって刀は単なる武器ではなく、宗教的儀礼にも用いられる威信財でもあった。アイヌの民具にみられる刀は、切ることができない鈍刀や木刀など武器として機能しないものがほとんどで、時には「ツクナイ」と呼ばれる賠償品や担保となった。また、副葬品として刀を墓に納める風習があり、北海道内から出土した刀の約9割は副葬品であるという。

　蝦夷刀はアイヌの重要な武器の1つであるとともに威厳を装うために使うので、松前藩の権力確定後は、単なる装飾品に変化したらしい。アイヌは古代の日本の太刀を模したものを「イコロ」（宝物）と呼んで信仰し、本州から入手した太刀を自分達好みに合わせて改良していたという。

　アイヌの人々は、太刀を自製できなかったため、本州から渡ってきたものを、

イコロとして大切に扱った。一方、「エムシ」は和人から入手した刀身に、彫刻を施し樹皮を巻きつけた柄と鞘を装着し、それに金や銀の金具を取り付けて盛大に飾り付けた太刀である。このように蝦夷太刀にはアイヌが自製できないイコロ型の太刀と彼らの手によって装飾されたエムシ型の2種類が存在した。

刀は柄・鍔・鞘から成り立ち、それらには身分や家柄、威厳を示す装飾を施した。それらの装飾を拵というが、アイヌによる拵を蝦夷拵と呼び、樹皮巻の鞘や元々は別の金具を組み合わせた拵を特徴とし、13世紀に出現する。

14世紀代の蝦夷拵は装飾性が低く日本刀も多くみられることから、アイヌの人々にとって刀は武器であったとみられる。しかし16世紀以降、蝦夷刀は加飾が進み、儀礼用の「切れない」刀に変化していく。また北海道島における刀の出土本数は14～15世紀に最も多く、それ以降は減少し、特に日本刀は16世紀以降出土が激減している。

アイヌの人々は刀類や刀装具を時に呪術的な力を持つ特別な道具と考え、呪術的な舞踊行進では刀は重要な役割を果たしている。また、交換財や担保・賠償にもなりうる宝物であり、「ツクナイ」や「手印」と呼ばれるアイヌ社会独自の社会的機能も担っていたという。「ツクナイ」とは日本語の「償い」に由来し、アイヌが他のアイヌや和人に与えた損害や犯した罪に対して、宝をもって賠償する行為とされる。「手印」は契約の際、その証拠として相手に預ける宝物であり、一種の担保である。シャクシャインの戦いの後に、松前藩が東西蝦夷地のアイヌにツクナイを要求し、それに対してアイヌは刀類を提出したとされる。

以上、アイヌから和人に対して差し出されるツクナイ・手印の大部分は刀類であり、同じ宝物でも漆器はほとんどみられない。蝦夷刀は和人とアイヌ、あるいはアイヌ同士の社会的関係性を構築・修復する重要な役割を担っていた。時代が下り、和人からの抑圧が進むにつれ、武器としての機能を失っていったともいえる。

● **和人社会からの"モノ"がアイヌ社会に与えた影響は何か？**

以上、本州から海峡を渡り蝦夷地にもたらされた"モノ"（物質文化）をいくつか紹介し、蝦夷地においてアイヌの人々がどのように受容したのかを概観してきた。13世紀のアイヌ文化の誕生以降、蝦夷地には多くのモノが移入され、

アイヌの人々が経済的・政治的に和人社会に組み込まれていくことになる。

　ところで、アイヌの人々は、本州からのモノをどのように捉えていたのだろうか。自分たちの生活を変える否定的な捉えだったのか、それとも自文化の発展に寄与する新しいモノだったのか。和人社会からもたらされたモノが現在でも伝えられるアイヌ文化の儀式などに必需品であったことから、必ずしも消極的な捉えのみではなかったのではないか。当然、モノによる和人文化の浸透がアイヌ社会を変容させ、支配－被支配関係を構築したという歴史的な抑圧は否定できない。ただし、「抑圧された」部分のみに注目し、アイヌ民族を「弱い」存在としてのみ捉える歴史観を乗り越えていくことの必要性も求められている。

　アイヌの人々は、和人社会のモノを多く取り入れながらも、そのままに受容するのではなく、自文化に合わせて、その使用方法や価値観を自己流に変容させていったという「主体性」に注目するという多角的な視点も、アイヌと和人との交流史を考える上で必要ではないか。

（金子勇太）

【もっと知りたい人のために】
　函館市北方民族資料館には、蝦夷錦をはじめ、アイヌ文化や北方民族に関する資料が豊富に展示されている。また、アイヌ絵も多く展示されており、アイヌの人々の四季折々の生活を垣間見ることができる。函館駅から市電で「末広町停留所」下車徒歩1分の場所に位置する。
　函館市北方民族資料館　函館市末広町21-7　TEL：0138-22-4128

〈参考文献〉
関根達人「北方史とアイヌ考古学」『季刊考古学』第133号、2015年
関根達人『モノから見たアイヌ文化史』吉川弘文館、2016年
関根達人『つながるアイヌ考古学』新泉社、2023年
北野信彦「アイヌの物質文化　アイヌの漆器」『季刊考古学』第133号、2015年
榎森進編『アイヌの歴史と文化』Ⅰ、創童舎、2003年
佐々木利和『アイヌ文化誌ノート』吉川弘文館、2001年

コラム2 地図のなかの海峡と蝦夷地

● 海峡の先にあるのは島か大陸か、それとも…？

　本コラムでは、中世から近世にかけて海峡地域が地図にどう描かれてきたかを主題とし、いくつかの地図を取り上げながら考えてみたい。まず、中世の百科事典といわれる『拾芥抄』に載った日本で現存最古の印刷された日本地図とされる日本図がある（下図）。この図は俵型にした全国68カ国を順につなげて日本列島を表現する行基式地図という特徴を持つ。北方に注目すると、北海道は描かれず、本州北部に「出羽」「陸奥」「津軽大里」「夷地」と記されているのみである。

　隣国の朝鮮で1471年に申叔舟（1435年に朝鮮通信使として来日した経験がある）が著した『海東諸国紀』に収録された東アジア地図がある。この地図もまた「行基式」で描かれているが、本州の先に「夷島」として本州とは別の島を描いており、これが現存最古の北海道を描いた地図とされている。ただし、地図には「羅刹国」などの実在しない島々も描かれており、作者が「夷島」の存在を正確に理解していたとは考えにくい。

　中世末期では、豊臣秀吉が朝鮮出兵時に所持していたとされる扇に貼られた東アジア図がある。この地図では本州と海を隔てた対岸は「エソ」との記入がみられるが、朝鮮半島や中国大陸へと連なるように描かれている。このように、中世日本において、本州以北の地理情報は漠然としたものであった。

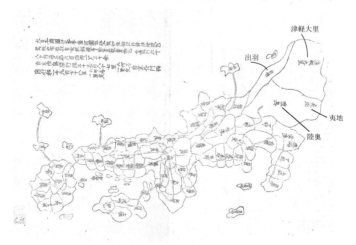

『拾芥抄』3巻〔2〕所載「大日本国図」（国立国会図書館デジタルコレクション、一部加筆）

コラム2　地図のなかの海峡と蝦夷地

● 正しい津軽海峡はいつから描かれたのか？

では、海峡を挟んで今日の北海道が島として明確に地図上に示されるのはいつなのだろうか。近世の地図をみてみよう。1618年に蝦夷地へ潜入したイエズス会の宣教師アンジェリスはその報告として記した『北方探検記』に地図を掲載している（右図）。そこには本州北方に東西に長く扁平(へんぺい)な巨大な島が描かれ、南端には「Matsmai」（マツマイ）、

アンジェリスの日本地図（ローマ、イエズス会本部所蔵）
（『北方探検記』吉川弘文館、1962年より転載）

東端には「Menaxi」（メナシ）、西端には「Texxoy」（テッソイ）などの地名が記されている。形や大きさの不正確さはあるが、実際に訪れた上で島として表現していることは大きな意義があろう。

1635年には松前藩が、幕府の『正保国絵図(しょうほうくにえず)』作製事業の一環で海岸線沿いを一周する調査を行っている。この情報は中央権力にも共有された。弘前藩でも1669年のシャクシャインの戦いで対岸へ出兵した際、蝦夷地を調査し作製された地図が『津軽一統志』に残っている（9章参照）。松前藩が幕藩体制下に組み入れられたことで、海峡地域は明確に日本領内となった。それはすなわち、海峡が松前藩と弘前藩・盛岡藩との藩境へと変化し、この地域の正しい地理認識が形成された画期であった。一方で、「鎖国」体制の確立により幕藩体制の外との往来は厳しく制限された。

● 林子平の『蝦夷国全図』にみる海峡地域の地理情報

最後に、近世中期に仙台藩士の林子平(はやししへい)が刊行した『三国通覧図説』の「蝦夷国全図」（次頁の図）を取り上げたい。子平は北方からのロシアの脅威を聞き及び、危機感から海防の強化の必要性を説いた。地図の津軽海峡付近をみると、沿岸にはびっしりと地名が記してあり、各地域間の距離も示されている。また点線で囲った2ヶ所には「是ヨリ夷地」と記入され、それ以北が「蝦夷地」＝

87

国外と明確に区分され、アイヌの人々の地であった。そもそも「蝦夷」という文字は、古くは「エミシ」、その後「エゾ」と読まれ、使われる時代によって語意が変化している。それぞれがどんな存在を指しているのか、また読みの変化や語源については、諸説ある。ただ、近世の「蝦夷」はアイヌを指し、和人との区別が明確になったといってよい。そして幕藩体制はその性質上、和人地と蝦夷地の往来を厳しく制限した。下図の実線で囲った部分（東は「カメ田」、西は「クマ石」）の2ヶ所には「城下ヨリ〇〇里関所アリ」と記入されている。この関所では出入りが厳しく改められ、理由なく和人地から蝦夷地へ、蝦夷地から和人地へ足を踏み入れることは許されなかった。いわば「国境」であり、蝦夷地は地図の名称のとおり「蝦夷国」といってもいい状況であった。厳しい制限は地理情報の正確性にも大きな影響を与えた。この地図でも道南以北は形も大きさもまったく原形をとどめていない。これが正確になるのは、近世後期の最上徳内・近藤重蔵・伊能忠敬・間宮林蔵らによる北方探検の業績を待たなければならない。代表的な北方図は「北海道大学　北方資料データベース」（https://www2.lib.hokudai.ac.jp/hoppodb/）で高精細な画像が閲覧できる。

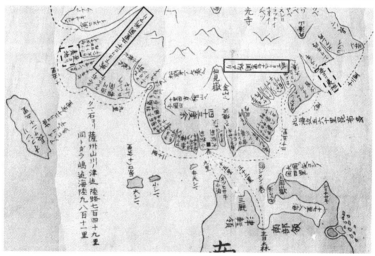

「蝦夷国全図」（1785年）の津軽海峡付近に加筆（北海道大学附属図書館所蔵）

（市川晃義）

〈参考文献〉
秋月俊幸『日本北辺の探検と地図の歴史』北海道大学出版会、1999年
海保嶺夫『エゾの歴史』講談社学術文庫、2006年

第Ⅲ部 海峡地域の分断・交流

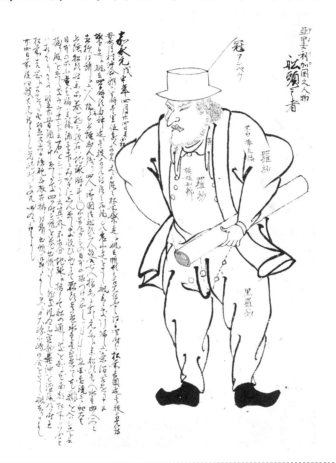

松前藩は蝦夷地アイヌとの独占的交易権を幕府から認められることによって成立した。しかしその経済活動は本州、特に東北地域との交易が不可欠だったのであり、津軽海峡は次第に人・モノの往来の大動脈となっていった。その中でロシアの南下やアメリカなどの異国船の来航は蝦夷地直轄化と本州アイヌ・蝦夷地アイヌの同化を加速していった。本州と松前・蝦夷地、アイヌと和人との分断と交流は表裏の関係にあったのである。そしてこの関係を再編し近代国家へと向かう過程に位置づけられるのが箱館戦争であった。

〔図版〕嘉永元(1848)年、津軽半島三厩(みんまや)に上陸したアメリカ人船頭の図（青森県立郷土館所蔵）

9. 松前藩の成立と北奥地域
―海峡地域の分断と交流―

☞ **教科書では**

　蝦夷島におけるアイヌ民族との戦いを経ながら和人諸豪族を統一した蠣崎氏は、蝦夷地（北海道）の南部を支配し、1604（慶長9）年、幕府・徳川家康から、アイヌ民族との交易の独占と、松前に出入りする商船や人物に対する課税権が認められたことによって、近世大名としてその経済基盤を成立させた。本州から分断した蝦夷地のアイヌ民族との交易を独占させての松前藩の成立であり、交易を通じたアイヌ民族との窓口として位置づけられた藩でもあった。つまり、松前藩の存続は、津軽海峡を挟んでの本州側との経済活動がなければ維持できない性格のものだったのである。ここでは、教科書では触れられない松前藩の成立における北奥地域（弘前藩領及び盛岡藩領）との関係について、蝦夷地・松前藩と本州を結ぶ大動脈となっていった津軽海峡を念頭に探ってみたい。

● **松前藩の成立とアイヌ交易との関係は？**

　幕藩制国家の成立によって、津軽海峡を挟む地域は、北奥と松前・蝦夷地に再編成され、それぞれが幕藩体制の中に位置づけられていった。さらに1604（慶長9）年の家康黒印状によって松前藩はアイヌとの独占的交易権を保障され、幕府－松前藩－蝦夷地（アイヌ民族）の関係も規定されていった。この家康黒印状ではアイヌの自由「往行」＝交易が認められており、松前氏以外にも海峡を渡って交易を行っていた。つまり逆に北奥大名からすれば自領において対アイヌ交易を独占していたということであり、高岡(弘前)や下北半島の田名部（現むつ市）に交易にやってくるアイヌは交易上欠かせない存在であった。

　しかしながらこの自由往行は、史料上、盛岡藩においては1644（正保元）年を最後に確認できず、また弘前藩への往行も正保期（1644～47）には途絶していたと考えられている。この時期、蝦夷地アイヌの交易活動が本州から切り離された背景には、寛永期（1624～43）に成立したとされる松前藩の商場知行制があった。商場とは知行地として家臣に与えられたアイヌとの交易場所のことであり、家臣の知行権を保障するためには、松前藩は大名知行権の中身であるアイヌとの交易の独占を図る必要があったからである。商場知行権が与えら

れた知行主は主に北東北から仕入れた米・酒・煙草や古着・漆器などの日用品を、アイヌの鮭・鰊・昆布・熊胆・ラッコ皮・オットセイ・鷹羽・魚油などと、その商場で物々交換した。知行主はアイヌから得た産物を商人に売却し、その利益を元手にまたアイヌとの交換物を仕入れていくということを繰り返していくことになる。当初は、アイヌが交易場である松前城下に赴いて行う城下交易であったが、特定の知行主以外との交易を認めない商場知行制によって、その交易主体はアイヌ側から松前藩側に移っていった。商場知行制は基本的には藩主と藩士との関係であるが、蝦夷地－松前－北東北という地域的関係における商品の移出入において成立していたのであり、商場知行制を基盤とした松前藩の成立は、頻繁な海峡往来をもたらすことになったのである。

● 「商場」は生産の「場所」へ

元禄期（1688〜1703）以降、全国的な商品流通の展開によって消費生活が拡大し、諸藩は財政難に陥っていくが、松前藩はその中でアイヌとの交易を商人に請け負わせることで、蝦夷地産物の増大と増収を図るようになる。鰊〆粕や昆布・俵物、蝦夷松などの全国的な需要が背景にあった。交易量の増大は蝦夷地での漁業や林業の生産拡大となり、商場は交易拠点の場から空間的な広がりをもつ生産活動の「場所」へと転換し、商場知行制の中で場所請負制が展開していくことになった。その結果、請負商人らは、運上金負担と利益増のために、アイヌを労働力として使用するようになっていった。過酷なアイヌ労働を伴う場所請負制はアイヌ社会を大きく変質させ、1789（寛政元）年のクナシリ・メナシの戦いが起こる要因となった。その一方で、物資輸送の北前船の往来に加え、松前稼ぎなど本州からの民衆移動による生産の拡大も図られ、津軽海峡は本州と蝦夷地を結ぶ海上往来の大動脈となっていったのである。

● シャクシャインの戦いがもたらしたものは？

商場知行制は蝦夷地でのアイヌとの交易が安定して継続的に行われることによって成立する。そのためには、本州北部からの移入品が安価かつ恒常的に入手される必要があり、アイヌ社会も安定している必要があった。この両要因が動揺した寛文年間（1661〜1672）、近世最大のアイヌ民族による戦い、シャク

シャインの戦いが勃発した。この時期、北東北諸藩では不作が続き、津軽米をはじめとした米穀の松前への移出は極めて不安定で高価なものになっていた。これに伴い、商場交易の交換レートはアイヌ側にとって約3倍もの値上げとなり、松前藩への不満が増大していた。一方、アイヌ社会では各地の共同体首長の成長によって次第に地域的な広がりをもつ社会集団が形成され、用益をめぐる対立が始まっていた。商場がこれらの地域的なまとまりに対応する形で設定されていたことも、対立の背景にあった。

　シャクシャインの戦いも、下（東）蝦夷地日高地方のメナシクル（東の人）のシブチャリ集団とシュムクル（西の人）のハエ集団による河川流域の生業圏をめぐる対立が始まりであった。松前藩はアイヌ社会の混乱は商場交易に支障が出ることから仲介者としての対応をとり、1656（明暦2）年には和議が図られている。しかし、両者の対立は再燃し、親松前藩のハエの首長オニビシを討ったシブチャリの首長シャクシャインは、1669（寛文9）年、反松前藩への戦いを全道に呼びかけ、西は増毛から東は白糠に至る多くのアイヌが呼応して蜂起した。戦いが全道に広がった背景には、商場での不等価交換や鷹待（鷹捕獲者）・金堀（採掘者）ら和人の蝦夷地進出によるアイヌ生業圏への侵害という、共通の課題があった。

　戦いでは多くの和人が殺害され、和人との民族的対立が基底にはあるものの、幕府が松前藩からの「蝦夷蜂起」の報告を受けて、弘前・盛岡・秋田3藩に加勢準備を命じ、鎮圧軍の指揮官として松前氏一族の松前泰広を派遣したことから、幕藩権力との対立となっていった。結果はアイヌ側の敗北に終わり、松前藩は首長層に子々孫々まで忠誠を誓わせた。経済面では、松前藩が定めた不当な交換比率による商場を超えての交易を禁止した。戦後、松前藩によるアイヌ支配は政治的にも経済的にも揺るぎないものとなっていったのである。

　なお、実際に派兵した弘前藩は、自領内のアイヌを飛脚舟の船頭や通訳などとして動員し、課役面など、以後の藩政への位置づけを確定していくとともに領内のアイヌ支配を強化していった。弘前藩は戦い後も領内アイヌを東西蝦夷地の情報収集に派遣した調査隊にも動員し、時に蝦夷地アイヌとの交渉にあたらせた。動員されたアイヌは蜂起したアイヌと直接に対峙したことになる。シャクシャインの戦いは、蝦夷地アイヌと本州アイヌの政治的分断をもたらし

9．松前藩の成立と北奥地域

た戦いでもあったのである。

● 「北狄の押さえ」とは？

　シャクシャインの戦いに加勢を命じられた北東北の諸藩は、その後もアイヌ民族の抵抗に備えた蝦夷地警備の役割を担わされていくことになった。特に、シャクシャインの戦いにあって幕府から命じられた加勢順位は弘前藩が第1、盛岡藩が第2であり、実際に派兵した弘前藩への影響は大きかった。

　4万7千石の弘前藩の派兵計画は、三番隊編成で、一番隊は総人数1582人を数え、10万石大名の軍役を超えたものであった。結局、幕府の命に従って、総勢約700人を鰺ヶ沢から送ったが、この時の軍役体制をもとに、延宝期（1673〜80）には大規模な軍役改定を行い、貞享期（1684〜87）には領内総検地を実施し北に向けた軍役体制の基盤をつくっている。

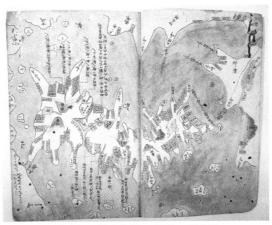

『津軽一統志』巻10記載の蝦夷図
（弘前市立弘前図書館所蔵）

　海峡を挟んで蝦夷地に隣接し、しかもアイヌ民族を領内に抱えていた弘前藩は（10章参照）、シャクシャインの戦いによって、蝦夷地とアイヌ民族の押さえ＝「北狄の押さえ」として幕藩制国家における全国支配の中に位置づけられることになった。

　弘前藩では、1731（享保16）年に官選史書『津軽一統志』全10巻を完成させるが、その中核である巻10では「寛文蝦夷蜂起」を詳述している。これは、弘前藩が「北狄の押さえ」としての役割を再確認し、藩のアイデンティティの確立を図ろうとした編さん意図に基づくものであった。一方で「北狄の押さえ」論は幕藩体制下において他藩への優位性を示すものであり、弘前・盛岡両藩ともに、領内支配確立と、18世紀末以降の対外危機における加増・高直しや家格

上昇につながるイデオロギーとして機能していくことになるのである。

弘前・盛岡両藩は蝦夷地警備の渡航地としての役割も担うことになる。本州と蝦夷地を結ぶ海峡の役割は政治的にもますます増大していったのである。

※本来「北狄」は中国の華夷（中華）思想に基づくものであるが、日本を文化の中心＝「華」とし、周辺の国家・異民族を「夷」（「東夷・西戎・南蛮・北狄」）とする日本型華夷秩序の中でも用いられた。史料にも、弘前藩は「蝦夷北狄之押へ」「北狄の圧」「狄地之押へ」であるといった文言がみられる。なお、弘前・盛岡藩関係史料では「狄」は「犾」（音読みはギン）として記載されることが多いが、「狄」「夷」と同様に用いられている。読みは「犾村」「宇鉄之犾」など地名に関する場合は「エゾ」、「かぶた犾」のようにアイヌ名の場合は「イン」である。

● 海峡往来は危険だったのでは？

松前藩の経済基盤がアイヌ交易にあり、その交易を成り立たせるためには、本州との物資の移出入が欠かせない。商場知行制における場所請負制の展開はその物資移動をさらに増大させていった。さらに「北狄の押さえ」としての北奥諸藩の蝦夷地への政治的関心も増していった。人・物の海峡往来はますます頻繁となっていったのである。

本州と松前・蝦夷地を結ぶ幹線航路は、1644（正保元）年に幕府が作製を命じた正保国絵図によって知られるが、津軽領「陸奥国津軽郡之絵図」（青森県立郷土館所蔵）、南部領「南部領内総絵図」（もりおか歴史文化館所蔵）ともに、各湊からの航路はすべて松前へと続いている（『津軽の歴史』参照）。

ただ、津軽海峡は潮流の早いことで知られており、特に海峡西口の北海道白神岬と龍飛崎、東口

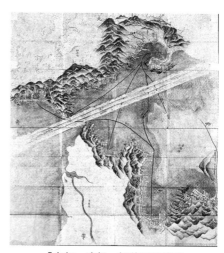

「南部・津軽・松前浜通絵図」
（青森県立郷土館所蔵）

の北海道汐首岬と大間崎が難所となっていた。「南部領内総絵図」では西口に
大渦（紫丹巻）が描かれ、「此所大難所、船乗事不成」と註記がある。また、
時代は下るが、1808（文化5）年「南部・津軽・松前浜通絵図」では、北から
白神潮・中潮・龍飛潮の3潮流が荒波をつないで海峡を東西に走るように描か
れ、「此三潮東流事、太急也」と記されている。海峡に難所が描かれているの
はそこを通過する船がいかに多いかの裏返しであり、海峡往来が頻繁であった
ことを示しているのである。

　ところで、1869（明治2）年、北海道で国郡里制が施行され、現在の松前郡
松前町域は渡島国津軽郡となった。郡名は、松前が津軽へ渡る湊「ツガルツ」
であったことに由来するとされる。当地は明治4年の廃藩置県によって館県と
なり、その後弘前県（のち青森県）に統合されていくが（13章参照）、その背
景には、松前と津軽との海峡往来による強い結びつきがあったのである。

● アイヌ文化の受容　―和人も着ていたアイヌ衣服―

　商場知行制の成立やシャクシャインの敗北によって、松前藩と、弘前・盛岡
両藩によるアイヌの交易活動が制限≒分断されてはいくものの、弘前藩庁日記
「国日記」（弘前市立弘前図書館所蔵）などには、アイヌの海峡往来を示す記
事が多くみられ、例えば1767（明和4）年、松ヶ崎（現外ヶ浜町）の夷「助
ら犬」が松前で鯡漁中に暴風に遭い行方不明になったことなどが記されてい
る。アイヌの人々にとって津軽海峡は生活の場であり、蝦夷地アイヌと本州ア
イヌの人々との接触は、連綿と続いていたと考えられるのである（10章参照）。

　このような海峡を挟んでのアイヌの生活は、アイヌ文化が海峡を越えて北奥
においても受容されていく背景となった。北奥の人々の生活との関わりで重要
なものはアットゥシなどのアイヌ衣服であった。なお、蝦夷錦については『津
軽の歴史』を参照されたいが、近年、松前町など道南各地で多数の蝦夷錦が新
たに確認され、北奥ではみられない松前氏の家紋入りのものや官服を仕立て直
した七条袈裟などもみられる。

　アットゥシはオヒョウ・シナノキなど樹皮の繊維を織り上げたアイヌの衣文
化を代表する衣服であり、アイヌ独特の刺繍文様や切り伏紋様を施している。
18世紀末以降のアイヌの同化政策によってアットゥシ着用禁止令が出されてい

くが（10章参照）、丈夫で水をはじき保温性もあることから、和人社会にも入り込み、特に船乗りや漁民らの労働着として使用された。アイヌ文様が施された木綿衣やイラクサ繊維の草皮衣も同様に使用されていた。2022年9月現在の、青森県内のアイヌ衣服所在調査（樹皮衣・草皮衣・木綿衣・前掛けに分類）では、実際に確認できたものが192点（樹皮衣82、草皮衣21、木綿衣72、前掛け17〈内樹皮9〉）、未確認ではあるが本来青森県内に所在したと考えられるものが75点（樹皮衣・草皮衣38、木綿衣32、前掛け5）であり、合計すると267点にものぼった。ただし、これらのアイヌ衣服の残存地の約9割が下北地域、残り1割が津軽半島陸奥湾沿いの上磯(かみいそ)地域と西海岸の一部地域であった。菅江真澄をはじめとする紀行文や諸記録を紹介するまでもなく、下北半島同様、津軽半島においてもアイヌは居住し、アットゥシについての記載があるにもかかわらずの偏在である。1789（寛政元）年頃の比良野貞彦『奥民図彙(おうみんずい)』（国立公文書館所蔵）には「アツシ」の図が描かれ、宇鉄・三厩(みんまや)（ともに現外ヶ浜町）あたりの漁師が松前の漁師と同様のアツシを着ていると記している。

下北所在のアットゥシ
（むつ市教育委員会所蔵）

　この偏在の解釈については、地域によって生活への関わり具合が異なることがこの地域差を生じさせた要因であろうと考えられる。下北の人々は明治中頃まで実際にアイヌ衣服を製作し、その出来映えを祭りの時などに競っていた。また、昭和30（1955）年代まで日常の畑仕事に着用していた農家の女性の姿がみられ、使い古したアットゥシを着せた案山子は昭和50年代にもみられていた。アイヌ衣服は仕事着として下北の人々に認識されていたのである。津軽地域ではこのような事例はなく、アイヌ衣服についての認識もみられない。この地域差については、これらのアットゥシを蝦夷地・北海道からもたらした北奥民衆の出稼ぎ先（特に樺太方面）や出稼ぎ者数との関わりなども含めて考える必要はあるが、アットゥシの行動的・機能的側面から考えていくことも必要である。アイヌ衣服の機能的形態がまずあり、次にその機能的形態を受容する蝦

夷地との地域的共通性がなくてはならないからである。この点において、特にアットゥシの仕事着としての機能が下北地域において求められたのであり、当初の伝統的アイヌ衣服としての認識が、徐々に本来の機能的な仕事着、自身の仕事着としての認識となり、下北地域で長期間使用され、今日まで残ってきたと考えられるのである。

　アイヌ文化の受容については、アイヌの視点から考える一方で、それぞれの地域の生活実態から検討していく必要がある。このことから逆に、蝦夷地・北海道や本州アイヌのあり方もみえてくると考えられるのである。

（瀧本壽史）

【もっと知りたい人のために】
　津軽海峡に面した北奥地域の人々の生活の様子を知ることは、海峡を挟んだ対岸の北海道沿岸地域の人々の生活を知ることにもつながる。そして、海峡を共通の生活の場、交流の場として共に生きてきたアイヌの人々の生活にも目を向けることにつながっていく。
　むつ市文化財収蔵庫には、収集資料のほか、下北の人々から寄贈された、近世から現代までの衣食住や農林水産業に関わる歴史資料、民具、生産用具などが多数収蔵展示されており、アットゥシもみることができる。管轄はむつ市教育委員会生涯学習課。見学は平日のみで、事前の問い合わせが必要。JR大湊線下北駅から徒歩約20分。
　むつ市文化財収蔵庫　むつ市金谷1丁目1の10　TEL：0175-31-0117

〈参考文献〉
浪川健治『近世日本と北方社会』三省堂、1992年
田端宏ほか監修『アイヌ民族の歴史と文化』山川出版社、2000年
関根達人ほか編『アイヌ文化史辞典』吉川弘文館、2022年
菊池勇夫『アイヌ民族と日本人』吉川弘文館、2023年
瀧本壽史「青森県内所在のアットゥシについて」『北の歴史から』第8号、『北の歴史から』
　　編集室、2023年

10. 弘前藩と盛岡藩による本州アイヌ支配の展開
―「狄」支配と「内国化」「同化」―

☞　**教科書では**

　13世紀頃に終わりを迎えた擦文文化を基礎として、アイヌ文化が形成された。アイヌ民族は蝦夷地（北海道）で狩猟・漁労生活を送るとともに、樺太（サハリン）・千島列島・中国東北部の人々とも毛皮・海産物などの交易を行う民族でもあった。14世紀には津軽十三湊との交易も行うようになる。しかし、17世紀に入り幕藩体制が成立すると、津軽海峡を挟んで、蝦夷地・樺太・千島のアイヌ民族は松前藩の交易対象として位置づけられ、本州の津軽地域や下北地域に居住するアイヌ民族は弘前藩・盛岡藩の支配下に置かれるようになった。このような教科書の記載からは、アイヌ民族が共有してきた歴史や独自の文化も海峡によって分断されてしまったと捉えられかねない。ここでは教科書で触れられることがほとんどない、本州に住むアイヌの人々の姿から、近世におけるアイヌ民族の有り様を探ってみたい。そこからは、海峡を挟んでのアイヌの生活圏も浮かび上がってくることになる。

● **アイヌの人々の呼称は居住地域によって違う？**

　アイヌ民族は、アイヌ民族特有の文化を持ちながらも、居住地域によって言語や風習、生活様式の違いから、北海道アイヌ、樺太（サハリン）アイヌ、千島アイヌに分けられている。近世においては、城下町松前を中心とした松前地「和人地」に対して、アイヌの人々が居住する地域を、一般に「蝦夷地」と総称していることから（樺太は「北蝦夷地」と呼称）、これらのアイヌを一括して「蝦夷地アイヌ」あるいは「蝦夷地のアイヌ」と総称することがある。

　一方、本州には、弘前藩・盛岡藩の支配下に置かれ、主に津軽海峡沿岸地域に居住したアイヌの人々がいた。蝦夷地アイヌとの言語や風習等の具体的な差異は不明であるが、本州に居住するということから「本州アイヌ」と一般に称されている。また、「津軽アイヌ」「下北アイヌ」と分けて使用することもあるが、これも居住地域の違い＝弘前・盛岡両藩領の違いからきているものである。ただし、本州アイヌは、松前地「和人地」と蝦夷地という空間的に分離された蝦夷地アイヌとは異なり、各領内で和人との日常の接触を通じて独自の歴

10. 弘前藩と盛岡藩による本州アイヌ支配の展開

史、文化を形成していった人々であり、単に蝦夷地アイヌと本州アイヌの民族的共通性や、逆にその違いをみるだけでは、近世のアイヌ民族は捉えきれない。

以下、史料的制約から津軽アイヌを中心にみていくことにするが、政策面、風俗面ともに下北アイヌとの違いはほとんどみられない。なお、特に明示されていない引用史料は、『青森県史 資料編 近世1・2』所収のものである。

● 本州アイヌの居住地は変わらなかったの？

本州アイヌの居住地は具体的にどの辺りだったのであろうか。1645（正保2）年の弘前藩正保国絵図「陸奥国津軽郡之絵図」では夏泊半島に3ヶ所（右図の四角で囲んだ所）、津軽半島に2ヶ所に「犾村」の記載がある。ただし他村のように小判型の枠で囲まれておらず村高表示もない。その後の1701（元禄14）年「津軽領元禄国絵図写」（弘前大学附属図書館所蔵）では

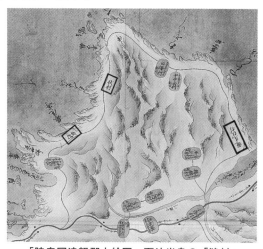

「陸奥国津軽郡之絵図」夏泊半島の「犾村」
（青森県立郷土館所蔵、一部加筆）

夏泊半島の「犾村」が消え、1727（享保12）年の絵図調製にあたっては、津軽半島小泊村領（現北津軽郡中泊町）の「犾村」1か村が削除されている。

関根達人は、弘前藩庁日記「国日記」（弘前市立弘前図書館所蔵、以下弘前図書館所蔵）に登場する「犾」の居住地23ヶ所を地図に落としている（関根2014）。いずれも宇田（現東津軽郡今別町）から西の津軽海峡沿いにあるが、ここに夏泊半島と小泊周辺の「犾村」の記載はない。「国日記」の開始は1661（寛文元）年であり、夏泊半島と小泊周辺の「犾」は、すでに、1660年頃にはその存立基盤、生活基盤を失っていたことになる。

それでは、この23ヶ所の居住地にその後変化はなかったのであろうか。「ア

イヌ集落の戸数の変遷」(『青森県史 資料編 近世1』「解説」)には、1669(寛文9)年、1692(元禄5)年、1755(宝暦5)年における各村々のアイヌ戸数が掲示されている。ここからは、寛文9年〜元禄5年までは大きな変化はないが、宝暦5年と比較したとき、寛文9年が15か村41軒(実際は42軒)、内三厩(現東津軽郡外ヶ浜町)を中心とする西側地区<松ヶ崎〜竜飛>が6か村18軒、宝暦5年が8か村39軒、内西側地区が5か村28軒であり、特に西端の宇鉄(現外ヶ浜町)の戸数は2軒から9軒に増加している。つまり、津軽半島のアイヌ居住地は東側から西側へと移っているのであり、全体の村数は減少しているが、軒数はほぼ同じであるということを考えると、西側1村あたりの軒数、人口が増えたことになろう。このことはアイヌ人口にも示されており、この宝暦5年「外之浜上磯狄切死丹御改人数書」によれば、8か村39軒で男115人、女119人、合計234人の内、西側の松ヶ崎〜宇鉄まで5か村28軒には男87人、女84人、合計171人、全体の約73%が居住していたことになる。さらに、1790(寛政2)年になると宝暦5年の8か村39軒は、三厩より西の六条間から宇鉄までの4か村27〜29軒となり、特に宇鉄は9軒から15軒に増加し、宇鉄に50%以上のアイヌ戸数が集中する状況になっている(高山彦九郎『北行日記』)。「国日記」や領外から津軽半島を訪れた人々のアイヌ関係記録に宇鉄が多く登場するのは、このように、宇鉄へのアイヌの集中が背景にあったからである。

盛岡藩の正保国絵図「南部領内総絵図」(もりおか歴史文化館所蔵)には「狄村」の記載はないが、1695(元禄8)年「下風呂村道丁絵図」(現下北郡風間浦村下風呂)には、村はずれに「狄屋敷」の記載がある。弘前藩も同様であり、1716(享保元)年以前とされる「三馬屋町御絵図」(弘前図書館所蔵)にも村はずれに「かぶたかいぬ」の家が記載されている。ただし、ともに村はずれではあるが、和人とアイヌの人々との混住が認められる。な

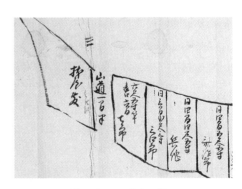

「下風呂村道丁絵図」の「狄屋敷」(個人所蔵)

お、絵図にはいずれも家の間口記載はないが、1721（享保6）年に今別領金ヶ宇田の「ふくた狄」の家が焼失した際、表口七間裏口四間であったことなどが代官からの報告にあり、アイヌ家屋の間口についても把握されていたことがわかる。

● 領内人口に占めるアイヌ人口の割合は？

　弘前・盛岡両藩は、当然ながらアイヌ一軒ごとの家族構成も把握していた。「国日記」には戸主名と家内人数が男女別、年齢別に報告されている記事が散見される。一戸あたりの家族数は平均5、6人であった。アイヌの戸数は、盛岡藩領は不明であるが、弘前藩領では前述のとおり、寛文9年42軒、宝暦5年39軒であり、ほぼ横ばい。人口は宝暦5年が234人。宝暦年間の調査数値を記した史料の「藩律」（『平山日記』）にも240人余とある。軒数と家族数からみても、アイヌの戸数約40軒、人口約240人は妥当な数値といえよう。

　それでは、このようなアイヌ居住地の変遷や戸数・人口をどのように捉えればよいのであろうか。1765（明和2）年の弘前藩領の人口は22万2280人（『新編弘前市史 通史編2』）であり、アイヌは領内人口の約0.1％。ちなみに、北海道のアイヌ人口は約2万人であり、幕末期には北海道人口約8万人の内25％、20世紀初頭の約100万人の内2％を占めていた。盛岡藩領も弘前藩領と同様と推察されることから、本州アイヌの人口がいかに少なかったかがうかがわれる。このことが、18世紀末以降、短期間にアイヌの人々が和人化され、アイヌの痕跡が表面上消失してしまった大きな要因であったと考えられるのであり、また、弘前・盛岡両藩のアイヌ支配を、少数民族政策的な性格を持つものとして捉えることができるのである。近代以降の本州アイヌの有り様を考える上でも、領内人口に占めるアイヌ人口比率は重要である。

● 弘前藩・盛岡藩のアイヌ支配とアイヌの生活

　弘前藩と盛岡藩は、少数民族であるアイヌの居住地や人別把握を進めながら、アイヌ支配を展開していった。その支配は、アイヌの人々からすれば、2つの側面を持つものであった。1つは、幕藩体制下の北奥地域の中で「狄」として身分制の中に組み込まれ、その居住地が「狄村」として表現される側面である。もう1つは、その身分制の中にあっても、内なる異民族＝「狄」としてそ

の風習やしきたりを保持させられながら支配されるという側面である。本州アイヌはこの二重の規定の中で生活させられることとなり、その結果、和人との日常の接触を通じて、蝦夷地とは異なる独自の歴史・文化を形成していったと考えられるのである。この点をふまえて両藩のアイヌ支配をみていこう。

まず挙げられるのは各アイヌ首長の藩主への服属儀礼＝「御目見」の強制であり、文化様式の違う異民族であることの確認であった。その初見は弘前藩が「国日記」寛文2年2月17日条、盛岡藩が「雑書」寛文5年7月15日条であり寛文期（1661〜72）から始まっている。松前藩においては商場知行制の成立によってアイヌへの経済支配が強化され、さらにシャクシャインの戦いによって政治支配へと転換が図られていった時期であった。その政治支配の在り方が海峡を挟んだ弘前・盛岡両藩のアイヌ支配にも及んできたのである。この御目見の本格化とともにアイヌと藩主との間における献上－下賜関係が恒常化していった。献上品は貝玉（真珠）・串貝（串鮑）・わかめ・昆布・オットセイ等の海産物と熊皮・熊胆などであり、米や銭が下賜された。また盛岡藩では、御目見のために盛岡に呼び寄せた田名部（現むつ市）の有力「夷」に「夷太刀」を下賜し、弘前藩では先祖代々御目見を許された者に「狄装束」を持参させている。各地域の首長層としての承認であり、それは文化様式の違う異民族、1つの社会集団として藩体制内に身分付けを行ったものとすることができる。

そして両藩は狩猟・漁労等、アイヌの民族的な特性を活用することで権力内に編成していった。まず、百姓・町人に課したような年貢・諸役を免除し、松前飛脚回送役や杣役（材木伐採役）など、アイヌ固有の「役」を賦課した。このことは同時に、アイヌの生産と生活が百姓・町人と区別して規制されていくことを意味しているのであり、焼き畑、漁業と海上交通参加が主要な生活基盤として設定された。そして、その生活が危うくなった際には支援策がとられた。例えば、1704（宝永元）年、奥平辺（現東津軽郡今別町）の狄「大高いん」所持の天当舟が青森で破損した際、藩は修理のための米拝借願いを受け入れ貸与している。家族10人を抱え、物資の小廻しを家職・渡世としていることから、舟がなければ生活が成り立たず、毎年の畑作にも差し支える。また、小舟であるから、松前飛脚の際にも役立てられるというのが理由であった。そこには、アイヌの人々の狩猟・漁労・伐採・操船技術など、藩にとっての利用価

値が念頭にあったのである。

　また、1702（元禄15）年、いわゆる元禄飢饉にあたって、弘前藩は畑作物が一切収穫できなかった今別の狄らの申し出に対し、「人間之願」＝百姓らの願とは別の対応として米を給与している。そこには、狄は常々御用の節は手当もなく、松前や田名部へ「人間」ではできない寒中の往来もしてくれている。その上、狄は「御国」（弘前藩領）と松前にばかりいるということは諸国にも知れ渡っているのであるから、これらの狄が餓死したり、他国へ逃れたりすることになっては外聞が悪い、という藩の支配原則があったのである。そしてその存在は、明らかに「人間」＝百姓身分とは区別されたものであった。

　アイヌの高度な技術の活用事例については、このほか、落とし穴や仕掛け弓、毒矢などを駆使した熊打ちや狼被害への対応、幕命による珍鳥ウトウ探索に松前大島・小島へ派遣したことなど、多くの史料が語るところである。

　このように、アイヌの人々は藩体制下において異民族としての支配を受け、身分的には「狄」として賤民に準じた扱いとなっていた。「人間」との区別もそれを示しているが、キリシタン改めの際、弘前藩は座頭・行人・乞食・非人らと同じレベルで「狄」の調査を命じていることからも知られる。

　この異民族としてのアイヌ認識が最も領内各層に浸透したのは「狄米」「蝦夷稗」支給のための領民への課役であった。弘前藩の「狄米」徴収は寛文5年に蔵百姓の諸役の1つに規定されている。盛岡藩では「蝦夷稗」として、1771（明和8）年まで下北半島各家々から稗を取り立ててアイヌの人々に給していた。アイヌのための負担であり、藩権力によるこのような政策は、アイヌは異民族であるという、領民の認識形成にも強制的に働いていたのである。したがって弘前・盛岡両藩が領内に抱えたアイヌ＝本州アイヌに対する認識は、藩権力、領民とも異民族としてのアイヌ＝蝦夷地に住むアイヌ認識と同様のものであり、アイヌ認識は蝦夷地認識と切り離すことのできないものであった。このことは逆にアイヌ側からすれば、蝦夷地と本州（津軽・下北）に分断されながらも、未だ民族的な一体性と特性を保ち得ていたと考えられるのである。

● アイヌ支配の転換　―「内国化」と「同化」―

　本州アイヌの「同化」は、前述の本州アイヌの二重の規定がなくなることを

意味しており、「狄」の身体風俗の「和人化」「国風化」とともに、身分としての「狄」支配が停止し、同時に「狄村」が消滅することで「同化」がなされたとすることができる。

弘前藩では、宝暦改革を主導した乳井貢(にゅういみつぎ)が、1756(宝暦6)年、三厩・外浜の蝦夷を「人間」「爺那(しゃな)」に取り立てたとされている。たしかに、菅江真澄や秦檍麿(はたのあわきまろ)、松浦武四郎などの後世の紀行文等からも、18世紀後期以降はアイヌの「夷風」を目にすることもなく、和人と見分けがたくなっていたことが知られる。しかしこれは、居住地の移動や北前船の登場にみられる経済活動の活発化に伴う和人との交流によるアイヌ社会の変容によるものであり、加えて、領内人口の約0.1%程度というアイヌの状況もまた、「和人化」を加速していたからである。

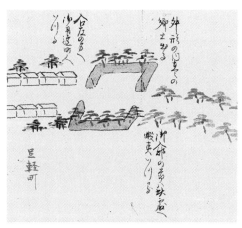

「参勤道中記」記載の「蝦夷いつる」の部分
(弘前市立博物館所蔵)

「狄」としての支配、そして「狄村」の存在はその後も継続していた。それを象徴的に示しているのが、1791(寛政3)年以降の成立とされる9代藩主が参勤交代から弘前に戻った際の記録である(左図)。そこには弘前城下富田町升形(ますがた)の外で「蝦夷」が出迎えることについて記されている。蝦夷装束を着たと考えられる狄が召し出されて「御目見」の儀礼が行われていたのである。この頃の「狄村」の存在についてはすでに『北行日記』で触れたが、寛政5年「津軽領海辺通御見分御道筋御休泊并村高里数調帳」(弘前図書館所蔵)にも石高記載のない「六丁間・藤嶋・釜野沢・元宇鉄・上宇鉄」の5か村が「狄村」として書き上げられている(『北行日記』では元宇鉄・上宇鉄で1か村の計4か村)。

アイヌの民族性を「夷風」として排除し、和人同化策が展開されるのは、外圧による蝦夷地「内国化」によってである。幕府は蝦夷地・アイヌ民族をロシ

アの東進・南下政策との関わりの中で捉えるようになり、東蝦夷地に続き、1807（文化4）年には全蝦夷地を直轄地とし、松前藩を梁川（現福島県伊達市）に移封した（11章参照）。ロシアとの異国境を意識した措置であり、蝦夷地は国外ではなく日本の内側と捉える国家意識を背景としていた。このことはそこに住むアイヌ民族もまた和人でなくてはならないのであり、蝦夷地の内国化は必然的にアイヌの和人化、同化政策につながり、風俗改め、身体風俗の強制的改変（月代・髷・髭剃り等）が行われるようになっていった。

　幕府による蝦夷地内国化、蝦夷地アイヌの和人化政策は、蝦夷地警備の一端を担い、かつ、アイヌ民族を領内に抱えていた弘前藩・盛岡藩のアイヌ政策にも影響を与え、両藩においてもアイヌの「日本人化」が展開されていった。盛岡藩では、文化年間、「木皮衣（アツシ）」「（蝦夷）細工」「蝦夷人の詞」「婦人の眉毛」を繰り返し禁じ、弘前藩もまた文化3年、六条間から上宇鉄までの5か村の蝦夷を残らず「平民同様」とし「狄」支配を停止している。

　こうして「本州アイヌ」の二重の規定は対外関係の変化、外圧に対抗するための蝦夷地「内国化」を契機に否定され、本州アイヌは「同化」されることになったのである。ただし、「同化」された本州アイヌの人々がその後「平民同様」に扱われたのかどうか、「夷風」の排除が具体的にどのように行われたのか、またアイヌの人々の民族意識は失われてしまったのか。これらは「同化」後の本州アイヌの生活実態や、藩権力・百姓らとアイヌの人々との政治的経済的な関係性を考える上で重要な視点である。本州アイヌのみならず蝦夷地アイヌの近代以降の有り様にも関係してくると考えられるからである。「同化」は本州アイヌ支配の終焉なのではなく、「同化」後のアイヌの人々の有り様もまたアイヌの支配の一環として継続的に捉えていく必要があるのである。

（瀧本壽史）

〈参考文献〉
関根達人『中近世の蝦夷地と北方交易』吉川弘文館、2014年
瀧本壽史「近世津軽アイヌの居住地の変遷について」『郷土研究総合誌　上磯の文化』第5号、いまべつを語り継ぐ会、2022年
谷本晃久「アイヌの人々への「同化」政策」歴史学研究会編『「歴史総合」をつむぐ』東京大学出版会、2022年
浪川健治編『十八世紀から十九世紀へ』清文堂、2021年

コラム3

海峡を渡った漂流民
―佐井村牛滝の慶祥丸の漂流―

● 下北からロシアへ ―近世の漂流民―

　近世の下北半島は盛岡藩領であり、大畑、大間、奥戸（おこっぺ）、佐井、牛滝（うしたき）、川内、大平（おおだいら）などの湊には北前船が往来していた。そのうちの佐井、牛滝は現在の佐井村にある。その下北半島からロシアへと漂流した事例がいくつかある。

　三之助は佐井村伊勢屋の船乗りで、1774（安永3）年に遭難、千島のオンネコタン島に漂流しロシア人に救助され、その後イルクーツクで日本語教師になっている。正津川村（しょうづがわ）の寅吉は高田屋嘉兵衛の番人として択捉島の漁場を開くとともに、アイヌ語にも通じており嘉兵衛に重用されていた。1807（文化4）年に択捉島を襲撃したロシア船に捕らえられた川内村の中川五郎治は、5年後に高田屋嘉兵衛とともに帰国し、1824（文政7）年に日本初の天然痘の予防接種に成功したことでも知られている。これらの3人の事跡は近世における下北半島とロシアとの関わりについて具体的に年を追って物語るものであり、近年注目されている。

● 慶祥丸の遭難と乗組員の動向

　このコラムで紹介するのは、佐井村牛滝地区の坂井家に伝わる『享和漂民記』に記された事例である。中川五郎治よりさかのぼること4年前の1803（享和3）年に牛滝からロシアへ漂流した慶祥丸について記載されている。13人乗りの慶祥丸は9月、脇之沢（現むつ市脇野沢）から箱館を経由し江戸へと向かう途中に、尻屋崎沖で暴風雨に遭い、事なきを得たあと、再度九十九里浜沖で遭難し太平洋へと流される。翌年7月、生き残った6人は北千島のパラムシル島に漂着し、アイヌの漁師に食料を分けてもらうなどしつつカムチャツカ半島へと渡り、9月にはペテロパヴロフスクへ向かうこととなる。

　その後、彼ら6人は牛滝へと帰還することとなるのだが、注目すべき点が4点ある。①現地での生活では、同じくロシアへの漂流民である善六（仙台藩・石巻出身）の世話になったこと。この善六もまた、大黒屋光太夫（だいこくやこうだゆう）とともに漂着した新蔵という人物の世話になっており、ロシア内で漂流民同士の助け合いがあったことがわかる。新蔵も善六もロシア正教の洗礼を受け、生涯をロシアで過ごしている。洗礼を受けたグループと拒否したグループで派閥ができ、対立が生じたこと

もあったようである。②1805（文化2）年5月、ロシアの人々の態度が一変したこと。これは、長崎で江戸幕府と通商交渉をしていたレザノフがカムチャツカに帰国したタイミングであり、日露の交渉が漂流民たちの生活にも影響を及ぼしたということがわかる。③ロシア人の態度豹変により、配給が滞ったり道ばたで罵られたりしたため、脱走して帰国を決意したこと。漂流民たちは現地で一生を終えるか、大黒屋光太夫や中川五郎治等のようにロシア人に送還されるかという二択しかないなかで、自ら帰国を決意し成し遂げたことは特筆すべきことである。④1806（文化3）年6月に択捉島に着くまでの間、千島アイヌの助力が

慶祥丸の遭難と帰還（点線が遭難、実線が帰還）

あったこと。船に乗せてもらったり、食料を分けてもらったりと様々な援助を受けた。アイヌの人々の生活の様子や幕府の北方探検との関連を探ることも大切な視点といえよう。

● **慶祥丸の帰還**

　慶祥丸の6人は択捉島の幕府の番所で取り調べを受け、翌1807（文化4）年4月に箱館でさらに取り調べを受け、8月に盛岡藩に引き取られ4年ぶりに牛滝への帰還を果たす。漂流と帰還という2度に渡って海峡を越えたこの漂流民たちの経験は、当該期のロシアで日本語の需要があった点や千島アイヌが仲介を担っていた点などは興味深い。

（三浦晋平）

〈参考文献〉
木崎良平『漂流民とロシア』中公新書、1991年

11.「内憂」と「外患」の海峡

☞ **教科書では**

　1792（寛政4）年、ロシアの使節ラクスマンが蝦夷地根室に来航した。大黒屋光太夫の送還とともに通商を求めたが、長崎以外での交渉はできないとの回答を受けて帰国した。その後もロシアはレザノフを長崎に派遣するなど、日本との通商を求めたが、幕府の姿勢は変わらなかった。一方で、幕府は最上徳内らによる北方探検や蝦夷地の直轄化など、ロシアを警戒した政策を進めていく。しかし、日本と蝦夷地との関係性が問い直されたことが、弘前藩・盛岡藩のあり方に大きな影響を及ぼしていったことについての記載はない。松前・蝦夷地の対岸にある両藩は、蝦夷地警備や沿岸警備の遂行、そしてそれに伴う民衆の負担増加による地域の疲弊と一揆の発生などによって、「内憂」「外患」という課題に直面していたのである。

● **津軽海峡にはどれくらいの外国船が往来したのか？**

　前著『津軽の歴史』では、外国船の接近が相次ぐ中で、幕府が弘前藩に蝦夷地警備の重責を課したこと、蝦夷地警備にかかる人的・経済的な負担が民衆に転嫁されたこと、負担軽減を求める民衆が民次郎一揆をはじめとする実力行使に出たことなどを整理した。ここでは、蝦夷地警備に関連した動向を、弘前藩だけでなく、領内に下北半島を含む盛岡藩についても整理することで、その影響が海峡地域を取り巻く問題だったことをみていきたい。

　対象とする時期の幕府の蝦夷地政策は、①東蝦夷地・西蝦夷地が直轄化された時期（第一次幕領期、1799年〜）、②松前藩が蝦夷地に復領した時期（松前復領期、1821年〜）、③日露和親条約の締結後、再び直轄化した時期（第二次幕領期、1855年〜）の3つの時期に区分できる。この間、弘前藩・盛岡藩は、蝦夷地警備や津軽海峡を往来する外国船への対応を行う先兵＝「北狄の押さえ」の役割を担った。

　近世後期の両藩の動向と不可分の関係にある外国船の来航の実態は、どのようなものだったのか。一般的には、ラクスマンやレザノフの来航がよく知られているが、津軽海峡に接近する外国船についてはあまり知られていない。しかし、実際は頻繁に外国船が往来する場所だった。弘前藩領に初めて外国人が上

陸したのは、1834（天保5）年の津軽半島の袰月海岸（現青森県今別町）だとされ、その後も1847（弘化4）年には平舘海岸（同外ヶ浜町平舘）、1848（嘉永元）年に三厩（同外ヶ浜町三厩）沖に外国船が姿を現し上陸している。中でも嘉永元年のものはアメリカ船5艘の船団、4、5発の空砲発射、上陸回数も2度にわたったことなどから、多くの警備兵が配置され、沿岸警戒態勢が強化されていった。

弘前藩は1850年3月〜7月に津軽海峡を通過した外国船数を37、8艘と幕府に報告している。1852年、東北周遊で津軽半島に達した吉田松陰は、外国船の往来する津軽海峡に臨んで蝦夷地との近さを実感し、海防の危機感を一層募らせたことはよく知られている（『新編弘前市史　通史編2』722〜724頁）。

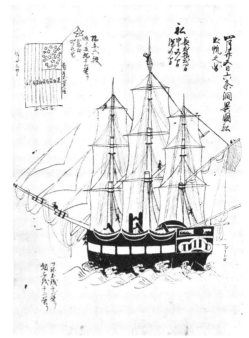

異国船出帆之図（嘉永元年）
（青森県立郷土館所蔵）

● 蝦夷地警備は津軽、下北の人々に何をもたらしたのか？

1792（寛政4）年、老中松平定信は、弘前藩領か盛岡藩領の一部を直轄地とする「北国郡代」構想を提示した。このとき、郡代の設置場所として青森もしくは三厩が、経費を賄うための直轄地として津軽半島や下北半島の村々が、候補地として挙がっている。定信の失脚でこの構想は実現しなかったが、外圧を背景とした幕府の蝦夷地政策は、蝦夷地そのものを直轄地とするという、より強力な政策となっていった。幕府は1802（享和2）年の東蝦夷地直轄化に続き、1807（文化4）年には松前藩を転封させ、松前地・西蝦夷地を含む蝦夷地全域を直轄化している。この年は、レザノフ配下のフヴォストフがエトロフ島に上

陸して番所を襲撃し（エトロフ事件）、日本とロシアの緊張がピークに達した年であった。弘前・盛岡両藩の派兵人数はともに千人を超えたとされ、動員に伴う負担はさらに増大していった。そして当然ながらその負担は直接民衆に転嫁されていった。

　弘前藩の1813（文化10）年「民次郎一揆」同様、下北半島の盛岡藩「田名部通」においても民衆の抵抗が相次いだ。1804〜69（文化元〜明治2）年の間に13件の百姓一揆が起こっている。しかもうち8件が第一次幕領期、さらにそのうち5件が津軽海峡沿岸の「北通」地域で発生しており、蝦夷地警備を背景としたものであることが知られる。文化元年の助郷役軽減を求めた愁訴では、東蝦夷地の直轄化以降、蝦夷地に向かう幕府の役人の往来や藩の役人の大畑（現むつ市大畑町）滞在が増加した。人馬の準備に苦しみながらも、「非常之御用儀に任、粉骨を尽、農業をも不顧体ニ相勤」めているが、箱館奉行交代や奉行帰府の際には手伝いや各地への送迎が必要となり、人馬ともに疲弊している。蝦夷地からの船の入港先が明確でないことも負担であり、この状況が続けば通交筋（大畑〜佐井の間）の村々が従わなくなる可能性があることも訴えている。

　1821（文政4）年の定役銭減免一揆では、関根村（むつ市関根）〜佐井村の8か村の村役人と大畑の町役人が連名で愁訴に及んだ。箱館への通交筋にあたる北通の各村が、共通して負担に苦しんでいるという認識のもと、田名部代官所に納める定役銭について免除を願い出ている。

　いずれも蝦夷地警備による負担は民衆に重くのしかかり、共通した負担は近隣の村々の連帯を強める要因の1つになったことがわかる。負担の共有化・分散化と地域的連帯の構図は、弘前藩で発生した一揆でも同様にみられることから、蝦夷地警備がもたらす負担や対応する民衆の姿は、地域を問わず共通したものだったのである。

● **蝦夷地警備の様子はどのように描かれたのだろうか？**

　ここでは、海峡を渡った人々の様子を描いた以下の2つの史料（ともに『新編弘前市史 資料編3 近世2』所収）を紹介し、彼らがどのような状況で任務にあたったのかをみていきたい。

　『松前詰合日記』は、弘前藩士の斎藤勝利の勤番日誌であり、シヤリ（現北

海道斜里町）で越年した藩士らが置かれた過酷な状況が記されている。エトロフ事件が起こった1807（文化4）年、斎藤たちは当初ソウヤに駐屯していたが、シヤリへの移動命令が下り、約100人が派遣された。彼らは、同年7月から8月にかけてシヤリに入り、陣屋の建設にとりかかると、慣れない作業に苦戦しつつも、8月中には建物を完成させた。9月に宗谷陣屋から外国船が出没したとの知らせを受けたため、警戒態勢を敷いたものの、実際に遭遇することはなかったようである。10月中旬には寒さが増し、この頃までは松前から薬や酒肴が届いていたが、11月中旬には吹雪で通行が困難な状況となる。耐え難い寒気と、飲み水や生鮮食料品の調達が困難になった結果、「浮腫病」（ビタミンB1欠乏による脚気）を発症する者が続出した（本田伸『弘前藩』現代書館、2008年）。医療知識の乏しかった当時では予防や治療もできず、約100人のうち約7割が死亡、多くが「浮腫病」であった。その後弘前に帰ることができたのは、わずか17人であった。約100人のうち約7割は強制的に動員された百姓や町人、職人身分の人々であったが、全死者の8割は彼らであった。これらの民衆は、警備体制を整える前提として、現地での道路整備や勤番所の設置の作業に動員されていた。蝦夷地警備に関連した民衆の負担の全体像を把握するためには、前述の役人の往来に伴う人馬の準備だけでなく、現地での負担や犠牲も理解する必要があるだろう。

　1814（文化11）年成立の『忍ぶ草』は、「忍ふ草」「夷島」、「兄の墓詣セし画図」の2巻、3部構成。弘前藩士の横岡元喜が北蝦夷地警備を命じられ、1813年3月11日に弘前を出立してから、同年11月1日に任務を終え、弘前に戻るまで

津軽藩士殉難慰霊の碑（北海道斜里町）

の様子が描かれている。なお、これより先の1810年2月20日、兄の光喜も北蝦夷地の警備を命じられて出立し、その後、増毛で越冬の最中に病死している。

「忍ふ草」には、元喜の出立から帰宅までの行程が記されている。兄の墓参りの場面を中心に、念願の墓参りを果たしたときの、兄の苦労を思い起こしながらの心情が描かれている。「夷島」はシテとワキの掛け合いによる謡曲である。ここには「未タ彼地に至らさる人も、この謡曲を熟覧セハ、居なからにして夷の千嶋も見るこゝちこそすらめ」とあり、蝦夷地の地名・景観・陣屋の所在・風待ち・行程日数がわかるように記されている。また、途中で出会った海士についても記され、蝦夷地に行った際の案内者も想定している。暗唱しやすい七五調で綴られ、場面を想起しやすい体裁をとったことについては、次々と蝦夷地に送り込まれていく弘前藩士にとって必要な予備知識が得られる「手引書」として意図的に書かれたものだったのではないかとの指摘がある（瀧本壽史「蝦夷地警備と北奥地域」地方史研究協議会編『北方史の新視座 対外政策と文化』雄山閣、1994年）。

これらの史料をみていくと、蝦夷地警備という任務には、外国船への対応だけでなく、その対応のために現地に向かうことや、到着後の生活を維持することも含まれていることを再認識させられる。蝦夷地警備の検討に当たっては、現地での生活実態、任務遂行に当たった藩士以外の動員された民衆も含めた人々の有り様にも目を向ける必要があろう。

● 領内沿岸防備と台場の設置

1821（文政4）年の松前藩復領後、幕府は弘前・盛岡藩に蝦夷地への派兵停止とともに、領内の渡海口への人員配置や、松前藩からの要求があった場合にはすぐに渡海させること、後詰人数を城下に配備することを申し渡した。この時期には「北狄の押さえ」としての立場を継続しつつ、領内の沿岸防備の充実が求められるようになった。

盛岡藩では冬季を除き、毎年大畑に兵員を派遣することとなり、1822年には、箱館で勤番を務め、現地を引き払った兵員200人をそのまま大畑に出張させた。盛岡藩の大畑詰の定式人数は、同年からは200人、1832（天保3）年からは300人、1843（天保14）年からは350人と推移しており、継続的に人員の派

遣が計画、実施されていたことがわかる。この沿岸防備には多くの給人や民衆が動員された。1836（天保7）年の事例では、大畑への出張人数300人のうち、100人は大畑が所在する田名部通で現地動員することとされている。1848（嘉永元）年の場合も、盛岡から大畑への出張人数は243人（うち64人は百姓ら）であり、不足分の約100人は現地での動員が行われたと考えられている（千葉一大「松前復領期における盛岡藩の蝦夷地派兵準備体制」『青森県史研究』第4号、2000年）。

　弘前藩でも兵員が不足した状況がみられる。その解決策として1853（嘉永6）年11月、領内の八浦（野内・青森・蟹田・今別・十三・鯵ヶ沢・深浦・大間越）に対して、農民などを民兵にするよう命じ、翌年2月まで合わせて3千人が動員された。動員されたのは農民以外にも、村役人、代官所の下役人、漁師、猟師などで、鉈や鎌など普段の仕事道具が武器として与えられた。このような中でも外国船の接近は続き、1855（安政2）年には三厩に外国人が上陸した。彼らは領内を歩き回り、翌朝には測量や台場に接近するなどしたため、詰合の役人は対応に追われた。さらに昼頃には停泊していた蒸気船から6人が上陸し、宇鉄村（現外ヶ浜町三厩）方面に向かおうとした。報告を受けた弘前藩は平舘に詰めていた人員を派遣し、事態の収拾と警備体制の強化を図った。

　領内の沿岸防備を強化するため、両藩では台場の建設も行われた。台場の設置は徐々に増加し幕末段階では、弘前藩12ヶ所（1849年時点）、盛岡藩8ヶ所（1856年時点）、八戸藩8ヶ所（1854年時点）となってい

嘉永2年構築の平舘台場跡（青森県外ヶ浜町）

る（『青森県史 通史編2 近世』661頁、図10〜20）。領内海防の強化は「外患」
による領内危機の裏返しであり、民衆への負担は松前藩復領期においても減少
することはなかったのである。

● 蝦夷地への陣屋設置

　1854（嘉永7）年の日米和親条約締結により箱館が開港し、翌年の日露和親
条約で国境の取り扱いが決定すると、幕府は、渡島半島の一部を除き蝦夷地を
再び直轄化した。この第二次幕領期には、松前、弘前、盛岡、仙台、秋田、庄
内、会津の各藩にも警備を命じ、「分領体制」が敷かれた。弘前藩は西蝦夷地
を担当することとなり、箱館千代ヶ台に元陣屋を、スッツ（現寿都町）に出張
陣屋を設置した。この年は箱館に206人、スッツに110人が派遣されている。ま
た、盛岡藩は東蝦夷地全域にわたる警備の援兵の役割を担い、箱館水元に元陣
屋を、エトモ（現室蘭市）に出張陣屋を設置した。

　盛岡藩が蝦夷地に関係する情報を収集してまとめた『松前箱館雑記』（『青森
県史 資料編 近世6』所収）には、1856（安政3）年、箱館の陣屋建設中にイギ
リス軍艦の乗組員5人が門内に押し入り、警備に暴行を加えた事件のほかに、
勤番者における病人の帰国について、1857年に箱館奉行から盛岡藩になされた
通達も記載されている。その内容は「瘴癘」の気（その土地の気候や風土によっ
て発症する病気）で発病するものが少なくなく、全体の士気に関わるので、秋
の時点で発病し、現地で治療が困難な者は帰国を許すというものであった。ま
た、同年11月には、許可なく勤番から逃げ出す者がおり、それらの者が箱館や
警備地をうろつくことは藩の威光に関わるため、厳しい罰を与える旨の通達も
なされている。これらの通達の背景にあったのは、盛岡藩が動員した軽輩者や
マタギ、庶民の中に、現地で病気にかかり命を落とす者や、任務を放棄して勤
番を逃げ出す者がいて、必要な人員を整えられないことであった。1859（安政6）
年には東蝦夷地の勤番人員の削減を幕府に届け出ている。その結果、箱館には
大砲方6人、鉄炮武者40人、足軽32人を含む諸職人従僕合わせて165人、エトモ
の出張陣屋には大砲方4人、足軽32人などのほか、諸職人従僕合わせて85人、
合計250人が配置され、減員勤番体制が認められている（『青森県史 通史編2 近
世』）。

一方の弘前藩では、藩財政の困窮ぶりが顕著なものになっていった。安政6年に江戸城本丸の修理のため材木代金3千両の上納を幕府から求められたが、蝦夷地警備の負担による財政難を理由に、翌年からの3年間で千両ずつを上納することが許可されている。両藩による負担軽減要求への対応からは、蝦夷地警備の人的・経済的負担が与える影響や、早急に対応すべき事柄であるとの幕府の認識を示しているともいえるだろう。

　蝦夷地警備や領内海防に関連する弘前藩や盛岡藩の動向とそれに伴う民衆の有り様をみてきた。両藩とも津軽海峡を挟んで蝦夷地の対岸に位置し、長い海岸線を有する立地から、蝦夷地や領内沿岸に接近する外国船への対応における最前線に位置づけられていた。そこからみえてくることは、ロシアやアメリカなどによる日本への開国要求という世界史的動向や、幕府の海防強化という通史的動向に組み込まれていく津軽や下北の人々の姿であり、「内憂」と「外患」は民衆にとって極めて身近なものであったということであろう。

(鈴木康貴)

【もっと知りたい人のために】
　斜里町立知床博物館には、姉妹町友好都市交流記念館が併設されており、この中には1806〜07（文化3〜4）年のロシア船によるカラフト・エトロフ島襲撃事件（文化露寇）に伴う弘前藩の蝦夷地警備に関する展示が数多くある。殉難の事実を伝えた『松前詰合日記』や死没者の名を記した「シヤリ場所死亡人控」（いずれも複製）、弘前藩士が着用した頃の甲冑や刀剣などを現地で観られることは興味深い。博物館裏手の公園には、殉難者の供養碑や墓所跡、周辺には運上屋（会所）跡、陣屋跡があり、町内を散策しながら往時に思いをはせることができる。（写真は斜里町立知床博物館提供）

斜里町立知床博物館　北海道斜里郡斜里町本町49-2　TEL：0152-23-1256

〈参考文献〉
原剛『幕末海防史の研究』名著出版、1988年
瀧本壽史「下北半島「北通」地域の形成」長谷川成一編『北奥地域史の研究』名著出版、1988年
浅倉有子『北方史と近世社会』清文堂出版、1999年
菊池勇夫『アイヌ民族と日本人』吉川弘文館、2023年

12. 箱館開港から箱館戦争へ

☞ **教科書では**

　ペリー来航による開港問題について、多くの教科書では、幕府が砲艦外交を一方的に恐れ、やむなく翌年の回答を約束してペリーを帰還させ、圧力に屈して和親条約を結んだ、という論調で書かれている。はたしてそうなのか。その記述も浦賀や横浜での内容が中心である。開港地として下田と箱館が登場するが、決定の理由や背景、開港後の変化の様子などはわからない。箱館戦争については、戊辰戦争の帰結地ということで、地名程度しか書かれていないこともある。実際の状況やその歴史的な意義はどのようなものだったのだろうか。

● **なぜ、箱館が開港地に選ばれたのか？**

　1854年1月、ペリーは再び来日し、2月10日から横浜で開港交渉が始まった。幕府全権は儒学者の林復斎である。林は交渉開始早々、要求された漂流民保護は了承したが、通商に関しては、ペリーの矛盾点を指摘して取り下げさせている。

　開港地については、いったいどのようにして決まったのだろうか。

　一旦、当時のアメリカの状況とねらいを探り、その後に交渉過程をみてみよう。

　アメリカは、1844年に清と望厦条約を結び、貿易や権益をめぐって、旧宗主国であるイギリス、フランスなどの国々に対抗しようとしていた。これらの国に先んじて日本を開港・開国させることは、アメリカの戦略としても重要であった。あわせて、北太平洋に展開する捕鯨船のための避難港を確保する必要もあった。

　こうしたなか、西部に拡大していた領土は、1848年ついに西海岸に到達し、ここから太平洋を渡り、中国やアジアへと至る蒸気船航路の開発が可能となった。大西洋まわりよりも、大幅に短いルートである。実は、日本との交渉に先立ち、ペリーは琉球王国の那覇に「貯炭場」を確保している（のちに琉米修好条約を締結）。開港地選定のポイントは、この那覇と適当な距離で連絡できる地点、捕鯨船にも利する機能的な良港、それらはどこがふさわしいか、ということだろう。

　米側交渉記録では、林は長崎を提示したが、ペリーは断固拒否。浦賀、鹿児島、松前、那覇を例示しつつ、都合5ヶ所の開港を要求した。一方、日本側記録では、ペリーは日本の「東南」に5、6ヶ所、「北海」に「金川」（神奈川）を含め2、3ヶ

116

所を要求したとある。互いに有利に記録している可能性はあるが、ともあれ林らは幕府首脳部と協議し、後日、下田と箱館を提示した。ペリーは、すんなりと了承した。それはなぜか。

実は1851年のペリー遠征基本計画のなかに、開港地は「松前か箱館、または両方」「江戸と連絡しやすい場所」と示されていたのである。交渉時のペリー側の言い分が正しいとすると、幕府としては、港の数も含めて彼らの要求を外しつつ、江戸からの距離も考えて折り合いをつけた、ということになるだろうか。近年の研究から、北海道の将来性やロシアへの牽制など、北方への視点も示しておこう。

こうして、双方のやりとりを経た3月3日、日米和親条約が調印された。その後ペリーは下田を訪れたのちの4月21日、検分と称して箱館を訪れた。

箱館の街についてペリーは、商業都市らしい活気がみられないと感じていた。実は3月末、幕府から連絡を受けた松前藩から、「異国船停泊中は婦女子の外出禁止」など、19か条もの触れが出されていたのだ。海沿いには目隠しのために、急造の板塀までもが設置されていた。

それでもペリーは、箱館に良港の機能と美しさを感じていた。また、職人の技術の高さから、日本人が将来、自分たちの競争相手になることも予測している。

その年6月には、幕命により箱館周辺が松前藩から上知（直轄化）され、箱館奉行所が再び設置された。同時に弘前藩、盛岡藩に箱館の警備が命じられた。翌年には松前藩から、残りの蝦夷地全土が上知され、最終的に松前藩と東北6藩に分領地が割り当てられ、「警衛」と「開発」が言い渡されたのである。

● 人々は当時、どれくらいの情報を得ていたのだろうか？

さて当時の重要情報を、一般の人々はどの程度知っていたのだろうか。

弘前藩の商人である、金木屋敬之が書いた『金木屋日記』が残っているので、1853年の記事から当時の様子をみてみよう。

ペリー初来航（6月3日）についての第一報は、すでに7月8日の条にみえ、翌10日には、「又々、来春来るべしと申して帰り候よし」と、書かれている。19日は、「地球にて見そうらえば、日本の東」「土地日本の百倍もある大国なり」などと、アメリカについての詳細な地理情報を載せる。24日は、教科書に載る老中阿部正弘の開明策だが、「国家御一大事に付き、早々存念通り申すべし」と、一般

の人々にまで、開国への意見を求めた文言がみえる。8月5日は、7月22日公表の将軍家慶死去を記載。9月21日には、江戸で売られている「アメリカ蒸気船之図書」の写があり「いぎりす江一万千七百里　あめりか江一万里」という記述が興味深い。

　10月1日には、ペリーが持参し、日本への要求を示したアメリカ国書の内容が、ほぼ正確に伝えられている。11月9日、「亀吉」から質屋を開業したい旨の相談を受けているが、「来春アメリカ之事もこれあり候あいだ」見合わせたほうがいい、と助言している。ペリーの再来による、社会の変動を予測していたのである。

　このほか、アメリカに関する政治経済情報、他の「異国船」「樺太」の情勢など枚挙にいとまがない。当時の交通・通信状況を考えれば、人々は様々な情報を「リアルタイム」でつかんでいた。

● 開港地箱館の様子はどのようなものだったのだろうか？

　さて箱館開港後、いったいどれくらいの外国船が来航し、街はどのように変化したのだろうか。

　1855〜56年の外国船数内訳は、全43隻中、アメリカ23、イギリス13、フランス3、ロシア2、オランダとプロシア（ドイツ）が、各1である。アメリカ船は、やはり捕鯨船が多い。このうちイギリス船はすべて軍艦であった。

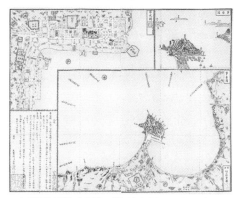

山崎英庵著「官許／箱館全図　万延元年」
（函館市中央図書館デジタル資料館、資料番号1810657310）

　通商条約発効からの入港艦船は、初年の1859年が最も多く92隻、その後は平均すると年に60隻程度（〜1867年）である。外国船、特に軍艦からは「生牛」の提供を求められた（食料として船に牛を積みこんでいた）。箱館奉行からは、盛岡藩に対して牛の提供を依頼しているが、運搬・交通手段として牛は大事だと断られている。

　幕府は、箱館奉行からの要望で、1857年に牧場の建設を計画し、種馬・種牛を同じく盛岡藩から導入しようとしていた。

箱館に領事等が置かれ、次第に居留民も増えると、小麦、鶏肉、卵などの需要も増加した。開港後、箱館奉行所の御用商人となった青森の瀧屋らは、もともと米を中心に商っていたが、今度は外国人用の物品確保に奔走することとなった。

また、居留民の増加は、地元の人々の生活にも影響を与えた。奉行所からは、「異国の風俗」になじまぬように触れが出るなど、規制も強化された。

一方、外国人が「町なかで銃を撃つ、乱暴に馬や馬そりを乗り回すこと」で、事故もあったようである。このような苦情は箱館奉行所に集約され、行動規制については、領事等を通して居留民に伝えられた。奉行は領事らと『箱館港掟則』という規則を定めていたが、イギリス領事は独自に罰金も定めて注意をしている。ところが、ロシア領事に馬に関する規制を要請すると、「乗り物に乗るのは当然だ、それに見合うような道にして欲しい」と、逆に要求されたという話も残る。

箱館には、アメリカ人の経営する居酒屋（宿）もあったが、市中での飲酒トラブルが多くなったためか、1865年の『箱館港掟則』には、「日本人から酒を買わぬこと」「酔って上陸しないこと」が、付け加わっている。

さて、貿易港としての箱館の状況は、どのようなものだったのだろうか。

開港当初から、外国人向けの「欠乏品補給」という名目で、実際の商取引は始まっていた。また、貿易継続国のオランダに加え、1857年、長崎と箱館では、ロシアと諸藩の間で貿易が許された。そして通商条約締結後の1859年からは、他の国々とも正式に貿易がスタートする。

箱館からの蝦夷地産物については、当初は問屋が扱い、沖ノ口番所を通すことが決められていたが、のちに相対取引が許可となった。決済に関しては、通貨交換をめぐる問題も発生しており、一気に順調な滑り出し、とはいかなかったようである。取引品目は、昆布などの海産物がほとんどで、大幅な輸出超過だった。また取引額の全国比は、1859年以降明治以前まで、2〜3％程度であった。

このような中で箱館奉行と幕府は、販路拡大を期して、上海など海外へ貿易船を送る振興策をとっている。また、周辺を取り巻く諸藩や商人は、海産物や生糸を箱館港から輸出するなど、箱館港を核とした貿易を模索してもいたが、この時点では、北海道や東北地方の産業発展は伴わなかった。

● 箱館戦争は、どのような戦いだったのだろうか？

　箱館開港から十数年、事態は急を告げ、大政奉還、王政復古を経て、鳥羽・伏見の戦いが起こった。このような混乱のなか、最後の箱館奉行となった杉浦誠は、新政府官吏到着後、穏便に政務を受け渡す方針を固めた。新政府は、五稜郭内に箱館裁判所（行政機関、のち箱館府）を設置し、1868（慶応4・明治元）年5月1日、府知事の清水谷公考と政務引き継ぎが行われた。しかし、同月に成立した奥羽越列藩同盟によって東北諸藩の藩論が変化し、箱館や蝦夷地を警備していた、盛岡藩、弘前藩などが引き揚げてしまった。

　その後、北東北では佐幕派を貫く盛岡藩と、これに対する弘前、秋田藩の各所で戦いが起こる。例えば9月22日には、弘前・黒石藩士らと盛岡・八戸藩士らが、現青森県野辺地町で戦い、双方で数十名の死傷者を出した上、弘前藩側が敗北するという、野辺地戦争があった。

　10月、新政府は、8月に脱走した榎本武揚ら旧幕府軍の動きを察知。福山・大野・弘前藩兵らが箱館警備に送られるが、到着したのは20日のことだった。その同じ日に、旧幕府軍は吹雪のなか、内浦湾岸の鷲ノ木（現北海道森町）に上陸していた。

　彼らは、すでに新政府に提出していた「蝦夷地開拓嘆願書」を、清水谷にも伝える予定だったが、弘前・松前藩兵らの先制攻撃を受け、やむなく戦端を開いた。

旧幕府軍上陸地（北海道森町）
右奥にみえるのは駒ヶ岳

　鷲ノ木から内陸、太平洋岸と二手に分かれた旧幕府軍は、26日には戦うことなく五稜郭に入った。清水谷ら新政府軍は、この前日に箱館から青森に脱出していたのである。

　その後旧幕府軍側は、土方歳三らが松前藩幹部と和平交渉を試みたが決裂し、松前、江差方面への攻撃を続行した。

　11月24日、病弱であった青年藩主松前徳広は、熊石（現北海道八雲町）から海路弘前へと避難。同地の薬王院で過ごしていたが間もなく死亡し、長勝寺に

仮埋葬された。

　戦いに勝利した旧幕府軍は、蝦夷地平定に伴い、12月15日に「蝦夷島政権」を発足させた。彼らは、「入札」（選挙）によって、総裁に榎本武揚、陸軍奉行に大鳥圭介、陸軍奉行並に土方歳三、箱館奉行に永井尚志（元若年寄）などを選び、政権発足を各国公使・領事、青森にいる清水谷らに伝えた。

　後年、「蝦夷共和国」とも称されるが、国家として承認されたものではない。榎本たちとしては、新政府に対する国際法上の「交戦団体」であることを内外に示し、将来に向けて自分たちの立場を有利にしようとしたものと考えられる。政権存在の根拠ともなる開拓に関しては、開陽丸元艦長の澤太郎左衛門を、開拓奉行として室蘭に配置している。

　新政府軍の攻撃に備えながらではあるが、松前などには行政の出先機関も設置し、住民への許認可や支援など、施政の実態は存在した。箱館港での貿易や外交事務についても、箱館府の後を引き継いでいた。また、戦いで亡くなった旧幕府軍、新政府軍双方の犠牲者を平等に弔ったり、同じように負傷者を箱館病院に入院させたりもしている。

　一方、箱館の人々は榎本らのことをどのようにみていたのであろうか。新たに箱館奉行となった永井尚志は、「町村役人」らを集めて「松前一国の人民を安堵」し「役人共はこれまでの通り申し渡し候」と述べ、まずは人心の安定を図った。旧幕府領への徳川旧臣再来ということで、一部には、歓迎の向きもあったようである。しかし、資金不足を補うための商人への度重なる運上金用命、個人に対しては、半ば公営の賭博場や露店も含む各種営業税の賦課、「夜働き」に月額1両2朱の「切手」（鑑札）を課し、一般市民へは一本木に関門を設けて通行料の徴収も行われた。奉行配下で、市民に近く関わった小芝長之助は、特に恨まれたようである。旧幕府軍は、「徳川賊徒」「残切坊主」とも記されている。

● 戦いの終焉

　このようななか、新政府は清水谷を青森に留め、箱館攻撃の準備をしていた。すでに青森及びその周辺には、9千人を超す新政府軍が集結していた。彼らへの宿泊場所、食事の提供など、根拠地とされた現地の人々の負担や、弘前藩の財政負担は多大なものがあった。また、各藩から郷夫や農兵として徴用された者も

多くいた。例えば、二股口古戦場近くには、弘前藩の農民で、鹿児島藩の軍夫として亡くなった、佐藤安之助の墓がある。

こうした動きの一方、1868年2月以来、イギリス公使パークス主導のもと、欧米6か国で実施されてきた「局外中立」が、12月末に解除された。これにも、自国の利益を最優先するパークスの戦略とイギリス本国の意向が大きく働いていた。

二股口古戦場入口（北斗市）
この旧道の奥に激戦地がある

年が明けた1869（明治2）年1月末、新政府は箱館攻撃を前に、各国公使に宛てて、居留民避難の勧告をしている。だが、箱館市民のなかには、もはや新政府の攻撃なし、と考える者もいたようである。

3月、旧幕府軍は、軍艦3隻をもって、宮古湾にあった新政府軍最新鋭艦「甲鉄」を奪おうとしたが、あえなく失敗。かえって戦力の減衰を招いた。長距離砲を備えた「甲鉄」は、幕府がアメリカに注文していた軍艦だが、先の局外中立解除によって、新政府側に引き渡されたものだった。

4月6日、松前・弘前藩兵を含む新政府軍第一陣がついに青森港を出港。9日には乙部（現北海道乙部町）に上陸した。盛岡藩、八戸藩などは、主に軍資金、糧食面での後方支援を命じられていた。

対する旧幕府軍総勢約3500人は、迎撃を行いつつ、箱館への関門となる二股口に土方歳三、木古内口では大鳥圭介らが、地の利を生かして新政府軍を防いだ。一進一退が続くなか、旧幕府軍が有利な状況もあった。特に二股口では、近代戦術による激しい銃撃に新政府軍が進軍できず、北側に別ルートを作らざるを得ないほどだった。しかし、新政府軍側の増援が続き、木古内口方面が破られるに至って、二股口も撤退した。

5月に入ると戦線は箱館方面に移動し、四稜郭、五稜郭、千代ヶ岱陣屋と箱館市街、弁天台場を結ぶラインの周辺で戦いが行われた。11日には新政府軍の総攻撃が開始され戦闘が激化。箱館湾での海戦は熾烈を極め、旧幕府軍艦は全滅。あの「甲鉄」から放たれた砲弾は、五稜郭の旧箱館奉行所に命中した。陸戦では、四稜郭は早々に放棄され、数日して弁天台場、千代ヶ岱陣屋が陥落するに至り、

5月18日、旧幕府軍はついに降伏・開城した。22日には榎本ら7名が、海路青森、そして弘前から陸路を通って東京へと送られた。また、新選組隊士97名も、6月9日に弘前の薬王院預かりとなり、同じく東京へと送られたのだった。

他の東北戦争と同じく、箱館戦争でも、一般人を含め多くの死傷者を出した。箱館市内、各地での戦いはもちろん、松前城緒戦の攻防では、逃亡する藩士が城下に放火したことで、多くの犠牲を強いた。のみならず、松前藩の復帰後は、旧幕府軍への協力者が次々と逮捕、処刑されるという痛ましい出来事もあった。

青森には、戦争中やその後も、大勢の負傷者らが避難してきたが、病院施設として寺院や遊郭までもが使用された。残念ながら回復叶わず、遠く異郷の地に果てた者は当地に葬られた。墓は長い間市内に点在していたが、現在はそのうちの20基が、三内霊園に集められ供養されている。そのなかには、「於二股戦蒙疵」と記された長州藩士の墓、「行年拾九歳」と刻まれた大野藩士の墓もある。

最後に、「幕末」は江戸時代や幕府の終焉とのみ捉えられがちだが、開港を機に、支配階級から庶民に至るまで、多くの人々が日本の近代化に向けて動き出していた。教科書で明治以降に現れる施策の多くは、実はこの幕末に始まる。

幕府は、列強の論理や内外の圧力を巧みにかわして避戦に徹し、敗戦条約を結ぶことなく近代を開いた。しかし、すべては平和のうちには終わらなかった。今改めて、この歴史の事実を考えてみたい。

(佐藤一幸)

【もっと知りたい人のために】
特別史跡五稜郭内には、箱館奉行所が復元されている。建築過程や内部の構造がよくわかるように工夫され、当時の生活用具、武器などの実物や絵図、映像資料などが豊富に展示されており時間を忘れてしまう。五稜郭に隣接する五稜郭タワー展望室では、開港から箱館戦争後までの歴史を平面展示だけでなくジオラマでも観ることができる。上空から史跡・戦跡を見渡しつつ、往時に思いを致すことができるのは、当施設ならではのことである。
箱館奉行所　　函館市五稜郭町44-3　TEL：0138-51-2864
五稜郭タワー　函館市五稜郭町43-9　TEL：0138-51-4785

〈参考文献〉
長谷川成一ほか『青森県の歴史』山川出版社、2000年
田端宏ほか『北海道の歴史』山川出版社、2000年
井上勝生『開国と幕末変革』講談社、2002年
石井孝『戊辰戦争論』吉川弘文館、2008年
菊池勇夫『五稜郭の戦い』吉川弘文館、2015年

コラム4

海峡を旅する人々

● 円空（1632〜1695）

　17世紀に津軽海峡を横断し修行をした僧に美濃国の円空がいる。幼くして母を亡くして仏門に入ったのち、列島を旅しつつ修行した。その先々で鉈彫りの仏像を彫った。これを円空仏という。その作風は時期によっても異なるが、粗削りながら素材の良さが活かされ、顔に湛えられた慈愛に満ちた微笑が魅力的である。北海道伊達市にある有珠善光寺に一体の仏像がある。背面に「うすおくのいん小嶋　江州伊吹山平等岩僧内　寛文六年丙午　七月廿八日　始山登円空」と刻まれており、1666（寛文6）年7月に円空が有珠山に登った際に彫ったものであることがわかる。同年1月の弘前藩庁日記「国日記」に弘前を追放される記事があり、そのあと蝦夷地へ渡って有珠山へ登ったのだろう。この時期はアイヌ勢力間の対立が激しくなった頃で、1669（寛文9）年にはシャクシャインの戦いが起こっている。円空の蝦夷地滞在がいつまでかははっきりしないが、現在北海道に49体、青森県内には津軽・下北地方に19体の円空仏が確認でき、県内の円空仏はすべて渡道後のものとされ、道内の円空仏と造像の技巧・表現に違いがみられるという（『青森県史　文化財編　美術工芸』）。円空は海峡を越えた修行で何を得たのだろうか。

● 菅江真澄（1754〜1829）

　18世紀に海峡地域を旅の舞台にした人に三河国の菅江真澄がいる。真澄は1783年（30歳）に故郷を出立し、旅を始めた。彼はそれまでに身に付けた国学・本草学の知識を確かめるように名所に立ち寄りつつ北上し、その日々を日記に残した。彼は1788（天明8）年に津軽半島の宇鉄から松前に渡海した。その後、4年間にわたって人々と交流を深めつつ、道南を中心に活動し、アイヌの様子も記している。蝦夷地滞在において最も奥地へと歩みを進めたのは、登山のために訪れた有珠山だった。その日記には、有珠善光寺を訪れて阿弥陀堂や5体の円空仏などの存在を確認したこと、人々が輪になって大きな数珠を繰りながら念仏を唱えていたことを記している（『蝦夷迺手布利』）。1792（寛政4）年10月には蝦夷地を離れ、下北半島の奥戸（現大間町）に着いた。その時の日記には、当地の人々がロシアの来航や漂流民に関する噂をしていたと記している（『牧の冬枯』）。実際に、この1ヶ月前にはラクスマンが根室に来航していた。また、真澄の蝦夷地滞在中にはクナシリ・メナシの戦いが起こっていて、この時期は人々がロシアの接近を肌で感じ、北方への関心が高まる重要な時期だったとい

コラム4　海峡を旅する人々

える。見聞きしたありのままを冷静に捉える真澄の観察眼から当時の海峡地域の人々の生活の実態を読み取ることができる。

● 松浦武四郎（1818〜1888）

　幕末の19世紀に海峡地域をフィールドとして活動した人物に伊勢国の松浦武四郎がいる。1834年（17歳）で旅を始め、南は鹿児島、北は仙台まで遊歴した。その後、ロシア南下のことを聞き及んで北を目指す。まず1844（弘化元）年に津軽地方を巡り、翌年いよいよ蝦夷地に初上陸した。その後は3度の蝦夷地調査を行い、野帳に書き留めた津軽・蝦夷地での見聞を日誌として出版した（『東奥沿海日誌』『蝦夷日誌』）。その後、幕府が蝦夷地全域を直轄とし、ロシアとの国境問題を背景に蝦夷地開拓を試みると、武四郎は幕命を受けて3度蝦夷地に渡り、内陸部まで踏破した。そうして得た膨大な蝦夷地の知識により武四郎は、明治新政府の「蝦夷地御用係」に任命され、「北海道」命名や道内各地の地名選定を行った。右の図は、東蝦夷地での見聞についてまとめた『東蝦夷日誌』のうち「有珠」について記述した部分の挿絵である。記事では武四郎が有珠善光寺を訪れた際に、円空が有珠山に登山したときに彫ったあの円空仏があったことを記録している（松浦武四郎『東蝦夷日誌』2編、国立国会図書館デジタルコレクション）。

　以上、「旅」をテーマに17・18・19世紀に海峡地域に足跡を残した近世人を紹介した。彼らに共通するのは、未詳の地へと踏み出す冒険心・知的好奇心とそれを可能にする溢れるエネルギー、北を目指すという明確な目的意識である。その想いは近代へも引き継がれる。英国人女性イザベラ・バードは、1878（明治11）年に東京から北海道に至る北日本を旅した。彼女もまた、道中の経験を1冊の本にまとめて出版した（『新訳　日本奥地紀行』平凡社、2013年）。海峡地域を往来した人々が遺したモノを読み解くことで、この地域への新しい視点を得ることができるだろう。

（市川晃義）

〈参考文献〉
長谷川公茂『円空　微笑みの謎』新人物往来社、2012年
菅江真澄『菅江真澄遊覧記2』内田武志・宮本常一編訳、平凡社、2000年
北海道博物館ほか『幕末維新を生きた旅の巨人　松浦武四郎』勝毎光風社、2018年

第Ⅳ部　海峡地域の再編と新展開

絵葉書「青函連絡貨車航走船車連絡実況」

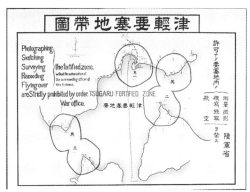

陸軍省『津軽要塞地帯図』（1932〜33年ごろ作成）

明治新政府は1869年に蝦夷地を北海道と改称し、開拓使を設置した。近代国家に編入された北海道では農地の開墾や鉄道敷設などの開拓事業が進められ、廃藩置県で成立した青森県との新たな交流が開始された。やがて、対外戦争を通じて帝国主義国家としての道を歩み始めると、津軽海峡にも軍事的役割が期待される一方、北洋漁業の拠点となるとともに、青函連絡船が貨車航走を開始し軍事物資輸送の大動脈を担うようになった。そのため、アメリカ軍の標的となり空襲による壊滅的な被害を受けることになるが、敗戦後は海峡を媒介にした両岸地域の交流が再開されていく。

〔提供〕（上）弘前市立博物館／（下）北海道大学附属図書館

13. 青森県の成立と北海道開拓

☞ 教科書では

　明治政府が実施した版籍奉還（1869年）と廃藩置県（1871年）は、小学校・中学校・高校の各段階で繰り返し学習される重要事項となっており、地図を用いて廃藩置県後の府県を示す教科書も多い。その際、いくつかの教科書は、旧松前藩を引き継ぐ形で設置されたのち青森県に併合された「館県」の存在をほのめかす地図を掲載しているが、青森県の成立過程はブラックボックスとなっている。他方、北海道の状況については、多くの教科書が国境画定に関連づけながら開拓使の設置や屯田兵による開拓を記すとともに、北海道旧土人保護法のもとでアイヌの人々が生活基盤と文化を奪われていったことを記している。しかしながら、どのような人々が北海道へ移住して開拓を担ったのか、また移住者とアイヌの人々がどのような関係にあったのかについては十分に説明されていない。

● 5つの県が合併したのはなぜか？　―青森県の誕生―

　青森では1871年の廃藩置県により、黒石、七戸、八戸、斗南、弘前の5つの藩がそれぞれ県となったが、幕末以来の慢性的な藩財政の悪化に戊辰戦争による軍費負担が加わり、いずれの県も財政が窮乏していた。黒石藩は秋に収穫した翌年分の年貢米を放出せざるを得ない状態であり七戸藩と八戸藩は凶作が続き、七戸藩は政府に拝借金を申請したり藩士の役料を削減したりした。政府から復興を許された旧会津藩は大幅な減封と移封により斗南藩となったが、農耕具さえ購入できず、弘前藩から援助を受けるほどであった。その弘前

「青森県」成立以前の状況

13. 青森県の成立と北海道開拓

藩でも下級藩士救済のため大規模地主から田地を買い上げて藩士に給付していた。八戸県大参事であった太田広城(ひろき)の手記には、「五戸〔斗南藩庁所在地〕近

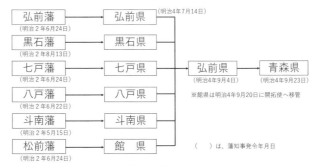

青森県の成立過程
(青森県史編纂委員会編『青森県の歴史』1991年、208頁をもとに作成)

在ヘ窮民所ヲ設ケ其費ニ宛(あて)ル等実ニ見ルニ忍ヒサル事ニ有之(これあり)〔中略〕〔斗南藩〕大少参事等時々来訪日々其泣事ノミヲ聞」(『青森縣史(八)』歴史図書社、1971年、106頁)とあり、当時の斗南藩の窮状がうかがえる。

当時、政府は40万石から45万石を適正規模として府県の統合を進めていた。そのため、斗南、八戸、七戸で1県になるのではないかといわれていたが、生産力が乏しい県同士の合併には展望を見出せず、太田と斗南県少参事広沢安任(ひろさわやすとう)には問題外であった。弘前藩は奥羽越列藩同盟から離脱して政府軍に加わったことに加え、水田も開けており、箱館戦争では駐屯していた政府軍へ食料を補給するなど他県に比べて余力があった。太田と広沢、斗南県権大参事(ごんのだいさんじ)山川浩は、極貧にあ

広沢安任
(三沢市先人記念館提供)

えぐ4藩、特に斗南藩士救済のために弘前県との合併を進めることで合意した。広沢は京都守護職(旧会津藩主松平容保(かたもり))の公用人(こうようにん)を務めていた際に親交のあった大久保利通や木戸孝允との人脈を使い、1871年8月、各県の地図や人口、経済基盤などの調査資料を作成の上、太政官(だじょうかん)に対し、陸奥地方で弘前・黒石・八戸・斗南・七戸の五県が分立しては廃藩置県の目的にも沿わず、5県を合併すれば27万石となり行政費も節約できるとの建言を行った。

こうした動きに合併先の弘前県は困惑していた。というのも七戸と八戸は藩祖以来の仇敵(きゅうてき)である盛岡藩・南部家一族が治めており、ともに元盛岡藩領で人

129

情、民俗、産業も弘前と異なるため同じ県としての運営は困難と考えていたからである。

　大久保は広沢と太田を官邸に招き5県の合県について直接尋問し、さらに2人は太政官と大蔵省でも詳細な尋問を受けた。再三にわたる斗南藩からの救助米金要求に政府が難渋していたこともあって、弘前県を含めた合県が決定した。広沢は、「斗南の窮士を託するを得たり」(『開牧五年紀事』1879年)と安堵している。1871年9月、東北5県と北海道の館県(旧松前藩)を含めた6県を1つにして弘前県とすることが決定した。同年9月23日には県庁が青森町へ移転されたため青森県に改称され、10月には青森県の九戸郡と岩手県の二戸郡の交換、1872年には旧館県地域が開拓使へ移管され、1876年に二戸郡が岩手県へ移管されて現在の青森県となった。なお、館県については、津軽海峡があり交通不便のため事務が遅滞し、役人派遣費の負担も重いので開拓使の管轄として欲しいと再三申し入れた結果、1872年9月20日に開拓使へ移管され管轄は1年で終わった。

● 北海道の分領支配と開拓

　箱館戦争終結間もない1869年7月8日、政府は蝦夷地の開拓を担当する開拓使を設置した。8月15日には北海道と改称して、蝦夷島本島、樺太、千島列島を11の国と86郡に区分して、日本の領土に位置づけ、その地に住む先住民のアイヌを日本人とした。政府は当時次のような認識を持っていた。

旧開拓使札幌本庁舎(復元)(北海道開拓の村)

　　蝦夷地は皇国の北門であり、山丹満洲に近く、日露和親条約によってロシアとの境界は一応定まっているものの樺太は日露の雑居地である。蝦夷地においては、アイヌが江戸時代以来の松前藩による不当な交易や強制労働などの搾取を恨む一方で、外国人であるロシア人の慈しみと哀れみを受けていたために信頼を寄せている。アイヌを救うことを口実として彼らを扇

動する者が現れたらその動きは箱館、松前にまで及ぶことは必然であり、こうした事態を防ぐことが緊要である。箱館戦争が終結したら、一日も早く開拓とアイヌへの教導方法を決めるとともに、多数の和人移住者を送り込むことが必要である（『開拓使日誌 1869年第1号』1869年5月21日条〈『新北海道史 第七巻 史料1』1969年、761頁〉より筆者訳出）。

ロシアへの警戒心は幕末からのもので、弘前・盛岡・八戸・秋田・庄内・仙台の各藩は、幕府から蝦夷地開拓、国境の画定、ロシアからの警衛、アイヌへの撫育と和人同化策を目的とした蝦夷地直轄化に伴う警備や分領を命じられていた。こうした経緯から蝦夷地を日本領とするための開拓と殖民活動は明治政府にとっても急務であった。

ところが、発足間もない明治政府は財政難のため開拓資金が不足していた。そこで考え出されたのが、開拓意欲のある藩や士族などの願い出に対して、蝦夷地内の土地を分割付与して支配させる分領支配であった（太政官布告第660号、1869年7月22日）。最初に東京で謹慎中の旧会津藩士が、1869年に小樽に移住し、2年後には後志国の余市郡へ移住して開拓に当たった。斗南藩にも分領地が与えられ、1870年に後志国の瀬棚郡、1871年には後志国の太櫓郡・歌棄郡、胆振国の山越郡へそれぞれ移住した。弘前藩、米沢藩、仙台藩、秋田藩などは自ら申し出て、さらに政府に強制された藩に開拓使、兵部省、東京府をあわせた24藩、2華族、8士族、2寺院が分領支配を命じられた。ロシアの殖民活動が活発な日露雑居地の樺太に近い北見国の各郡には大藩が配置された。

しかし、そのなかの金沢藩は財政困難のため、派遣する兵士も食料も揃わないことを理由に、早々に分領地の返上を願い出ている。これに対して開拓使は太政官に、「魯人雑居ノ地ニ対峙ノ場所、北門枢要ノ地」であり、「魯人軽侮ノ情ヲ挫」くためにも、「万一因循ノ願意御許容」してしまえば、「其他開拓ノ藩々気配ニモ拘リ、大ニ開拓奏効ノ遅速ニモ関係」するので「篤ト御説諭」して欲しいとの慰留要請をしたが効果はなかった（『新北海道史 第三巻』1971年）。他藩領も同様に返上され大藩の力によるロシア対峙策は頓挫した。他の地域でもまったくの手つかずか、小規模の調査と人員の派遣、わずかな移住にとどまり、1871年7月の廃藩置県により藩が消滅した段階で、分領支配制度は廃止された。北海道は館県支配地域を除いて、そのすべてが開拓使の管轄となった。

開拓使判官松本十郎は、「近年騒擾後、大抵藩力費弊シ、隔絶ノ地開拓等、容易難行届」（『蝦夷藻屑紙』北海道大学北方資料データベース）と戊辰戦争後の各藩の状況を振り返っており、北海道開拓を藩に依存するには無理があった。

● 仙台藩伊達家の移住と分領地開拓

　このように藩による分領支配がわずか2年で終わった一方、仙台藩一門の亘理伊達家のように士族団体による分領地開拓が成果を上げた例もある。

　仙台藩は奥羽越列藩同盟の盟主として臨んだ戊辰戦争の敗戦により、62万石から28万石への大幅減封となり、藩内に領地をあてがわれていた亘理伊達家も同様の処置となった。さらに、同家の領地があった仙南地域は盛岡藩領とされたため、その家臣も土地と屋敷を明け渡して盛岡藩内で刀を捨てて農民となるしかなかった。そこで考え出されたのが、士族身分を維持し生計を立てるために蝦夷地へ開拓移住することであった。家老の常盤新九郎（のちに改め田村顕允）のこの提案に主君の伊達邦成（藤五郎）も賛同し、家中一同での移住に向けて動き出す。常盤は昌平坂学問所への留学経験から新政府内に人脈があったため、太政官による分領支配布告以前から、政府内の蝦夷地開拓情報を得て内々に準備していた。そこで以下の内願書を、布告後早々に太政官少弁渡辺昇に提出し、蝦夷地への移住・開拓許可を求めた。

　　何の道を以て皇恩に報い伊達氏従前の罪を償はんと苦心罷在候処、今般蝦夷地開拓の義仰せ出だされ、蝦夷地は、皇国北門の鎖鑰にして一大緊要の地にこれあり、唐太島既に魯西亜の蚕食を受け、我一日守らざれば彼必ず拠るの勢、守備要今日より急なるはこれ無き儀と存じ奉り候。右地一方を藤五郎へ相預けられ候はば、家族を挙げて旧臣を引率移住し兵農相兼ね上は、皇国北門の藩屏と相成り、下は伊達氏従前の罪を償い、自力に食み開拓に従事し、勤王の素志を全うせんと存じ奉り候（『新稿伊達町史 上巻』1972年、342頁）

　1869年8月23日に移住・開拓が許可され、25日に伊達邦成は胆振国の有珠郡（現伊達市）に分領支配地が与えられた（次頁史料）。同様に、仙南地域白石の領主片倉邦憲も胆振国の幌別郡（現登別市）に、角田の伊達一門石川邦光も胆振国の室蘭郡にそれぞれ分領地が与えられた。のちに伊達邦成は胆振国の室蘭

13. 青森県の成立と北海道開拓

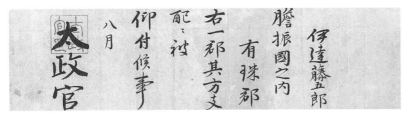
伊達邦成（藤五郎）への太政官辞令（伊達市教育委員会提供）

郡の東部と虻田郡も与えられ支配地域が拡大した。移住団は田村顕允ら取締を筆頭に、戸籍、会計、記事、造作などの組織体制を構築して開墾、農業や漁業を行い、予算編成、刑罰や褒章を実施するなど開拓使とは別に自治の仕組みを整えていった。

　こうした様子を見聞した開拓使は羊蹄山麓（現喜茂別町）、黒松内、寿都などへの再移住の協力を求めて援助も与えた。さらに1875年には屯田兵への転身と再移住が求められるなど、亘理伊達移住団は開拓の先進事例と位置づけられる存在となった。なお分領制廃止後も、伊達邦成は移民取締、開拓使八等出仕、有珠・室蘭・幌別三郡移住人取締に任命、旧家臣も戸長制度導入後に戸長、副戸長、伍長に任命されるなど、亘理伊達家の在地での支配体制は実質的に継続した。また、移住に備え角田県（現宮城県）に在留していた600人は、開拓使管轄となって官費で移住し、札幌本府の建設に伴う周辺村落の開拓を期待され、石狩国の夕張郡阿野呂（のちに故郷にちなみ角田と命名、現栗山町）、望月寒（故郷にちなみ白石村と命名、現札幌市白石区）に入った。

　士族団体による分領支配と開拓は、戊辰戦争の敗北者・朝敵からの汚名返上という自らの地位と名誉をかけたものであったこと、武士として生きていくために封建的主従関係を維持し家中一体となって進めたこと、生活の糧を求める生死に関わるものであったこと、帰る場所のない退路を断ったものであったことなどが成果を上げた要因と考えられる。

● 分領支配期の和人とアイヌはどのような関係だったか？

　1871年、政府はアイヌを平民として戸籍に入れ、法律上明確に「国民」とした。また和人の姓名を強要し、和人の言語を使わせる同化政策や、男の耳輪や女の入れ墨、死人を出した家を焼却しての移住、自由な鹿や鮭の捕獲、山林の伐採

を禁止するなど、その伝統文化や風習、生業を次々と否定していった。1870年から移住を始めた亘理伊達家の支配地内には、1871年の時点で、永住和人6戸40人、アイヌ105戸530人、有珠善光寺と有珠会所関係17人など合わせて600人程度の人々が住んでおり、在地社会が成立していた。1869年10月29日、伊達邦成は実地調査に赴いた際、有珠場所（場所とは松前藩設定の行政区分）の役付きアイヌらを会所（会所とは支配と交易の拠点）に呼び出して、次のように訓示した。

　　　自らが有珠郡の支配を任され、来年の春から人を移住させて土地の開拓、農業をさらに振興することになったが、アイヌも自分たちの支配を受けてこれまで同様に家業に励み、場所の仕事を勤めるのはもちろん、農業にもさらに励むよう心掛けてほしい（『新稿伊達町史 上巻』より筆者訳出）

　その上で、役職に応じて酒やたばこを配布する支配儀礼のオムシャを実施した。1870年4月27日の有珠郡支配所（太政官の辞令による職務遂行の場）の開庁式では、まちづくりに関する御直書（支配者による指令書）を公布した。

　　　何事によらず信実を旨とし、礼儀を重んじ、欲に走らず、心正しく行動すること。

　　　アイヌの人達を、侮り、欺き、騙し、からかってはいけない。

　　　アイヌの人達との売買や、その持馬を勝手に使役してはいけない、必要あるときは、支配所に申出ること。

　　　アイヌの人達の住居へみだりに立ち入ってはいけない。

　　　以上のことに違背する者は厳重に処罰する。（『新稿伊達町史 上巻』）

　支配者としてアイヌに対する和人の行為を戒めるとともに、アイヌを保護する姿勢を示している。片倉家支配地でも幌別場所の支配人からアイヌに対して、「縦令土人にても内地の百姓同様御取立てに相成り、行末は内地の風俗に御直し遊ばされ度〔中略〕、役土人は勿論、惣土人へも常々篤と申渡し置き申すべき事」（『胆振国幌別郡支配所出張万記録』仙台市博物館所蔵）と伝えている。そしてアイヌ指導のために、旧領地から炭焼きや農業用地の開墾に精通した者をわざわざ呼び寄せて、日本的な風俗を身に付けさせる同化政策も計画していた。

　以上、仙台藩一門の事例からは、松前藩時代から続くアイヌと和人との関係性や、交易拠点や藩の出先機関で行われていたオムシャなどの撫育政策が確認

13. 青森県の成立と北海道開拓

され、廃藩置県前の時期には、同化政策の萌芽がみられるものの、他方で近世的な秩序にもとづく和人・アイヌ関係が継続していた。

● 北海道旧土人保護法へ

　明治政府の本格的な同化政策をふまえ、その延長線上に制定されたのが、「北海道旧土人保護法」（1899年）である。その内容は移住和人の圧迫を受けて生活手段や土地を奪われて苦境に立つアイヌを救い保護することは、「一視同仁」の慈愛に満ちた天皇を君主とする国家の義務であるという考えに立つものであった。農業に従事する者への土地の無償下付、貧困者への農具・種子の給付、病気になり治療費が払えない者への薬代給付、集落内に小学校を国費で建設、貧困者の子弟への授業料給付など、勧農政策、国民化教育推進、疾病対策という近代文明国家の政策が盛り込まれた。新たに帝国臣民となったアイヌに対する国家の責任を明確にするとともに、その具現化を図ったものであった。

　しかしながら、アイヌの生業や風習を近代国家の国民にはふさわしくない野蛮・非文明的なものとして否定して、無理やり農民になることを強制し、アイヌを苦境に立たせたのは他ならぬ国家であった。内国植民地とされた北海道において、アイヌは同化するために差別され、包摂するために同化されるという、近代国家の先住民に対する常套手段が、「保護」と「救済」という名のもとに展開された。その先兵としての一端を担ったのが、アイヌに対して在地の支配者として立ち現れ、振る舞った東北からの移住和人でもあった。

（國岡　健）

【もっと知りたい人のために】
　三沢市先人記念館では、広沢安任の人となりについて知ることができる。
　だて歴史文化ミュージアムでは、亘理伊達家移住団の足跡を知ることができる。近くには国内最後の城郭的な施設の「旧伊達邸庭園」（迎賓館）や仙台地方の建築様式を取り入れた旧三戸部家住宅もある。
　三沢市先人記念館　青森県三沢市谷地頭4丁目298-652　TEL：0176-59-3009
　だて歴史文化ミュージアム　北海道伊達市梅本町57-1　TEL：0142-25-1056

〈参考文献〉
盛田稔ほか編『図説　青森県の歴史』河出書房新社、1991年
葛西富夫『新訂　会津・斗南藩史』東洋書院、1992年
木村尚俊ほか編『北海道の歴史　60話』三省堂、1996年
加藤博文ほか編『いま学ぶ　アイヌ民族の歴史』山川出版社、2018年

14. 西洋文化の受容
―弘前と函館の女子教育にみる文明開化―

☞ **教科書では**

　歴史教科書における文明開化の扱いは都市に重点を置く傾向がみられ、洋服や帽子、ガス灯、レンガ造りの建物などを例示しながら東京や横浜、神戸などで欧米風の生活様式が広がっていったことが叙述されている。その際、錦絵を掲載して洋風化する都市の様子を視覚的に捉えさせる教科書も多い。また、多くの教科書が岩倉使節団を扱うなかで、津田梅子をはじめとする女子留学生が同行したことを記している。しかし、都市ではなく、地方における文明開化をめぐる状況は十分に描かれていない。本章では、海峡を越える女子教育のネットワークに焦点をあて、北方地域における文明開化がこの地域で暮らす女性たちの生き方をどのように変えていったのかを考えてみたい。

● **女学生たちはどうして海を越えたのか？**

　函館にある遺愛女学校第2回卒業生（1890年）の高谷とくは、弘前の出身である。同校の創立40周年記念式典の祝辞で彼女は、「そのころ弘前などでは女子の高等教育などは思いもよらぬ事で、殊に勉強のために遠く家を離れるなど珍しいことであったのです。故に私の母などは、女の子は私一人しかいないのに遠い函館のヤソ〔耶蘇；キリスト教〕の学校などへやるとは鬼であろうか、とまでいわれた」（遺愛100年史編集委員会編『遺愛百年史』1987年、17頁）と入学当時を振り返っている。男子でさえ遊学が珍しかった時代に、15歳前後の娘が海を越えて函館で学ぶには、相当の信念と覚悟がなければ実現しなかった。どのような事情があったのだろうか。

　1875年、弘前では藩校稽古館にルーツを持つ東奥義塾が、既設の男子を対象にした小学科に加え、小学科女子部を設置した。同校は「将来の良母たるべき女

遺愛学院（旧遺愛女学校）本館（函館市）

子教育の必要を先見し小学科女子部を設けたので地方の父兄翕然（きゅうぜん）争ふてその子女を送って教育を託した。これ実に本県女子教育の始めである。」（『東奥義塾再興十年史』1931年、16頁）とあるように、地域の期待を担って設置されたものであった。東奥義塾の英語教師であったイング夫人の書簡には「25人の女子新入生が英語の勉強を始めます。私は一日おきに教えることにしています。」（1877年・アメリカへの報告）、「女子生徒の陽気な一団が週に一度私の家にかぎ針編み、編み物などを習いにやって来ます。」（1878年・書簡）という記述があり、西洋文化である英語や毛糸編物の教育が行われていたことがわかる。

　1876年に函館のアメリカ・メソジスト派監督教会宣教師の夫人フローラ・ハリスが弘前のイング夫妻を訪問し、東奥義塾小学科女子部を見学した。かねてから女性の地位向上に意欲を持ち、女子教育の必要性を感じていたハリス夫人は、函館にも女子の教育機関を設立しようとの考えをよりいっそう強くした。アメリカ・メソジスト監督教会婦人外国伝道協会機関誌に掲載された彼女の「如何にして婦人を救うべきか」との呼びかけに感銘を受けたライト米国ドイツ公使夫人の多額の寄付により、1882年2月1日、函館の地にカロライン・ライト・メモリアル・スクール（1885年に遺愛女学校に校名変更）が開校した。しかし、男女の教育の機会均等を謳った学制発布からわずか10年しか経過しておらず、函館の人々の関心はそれほど高くはなかったようで、生徒は集まらなかった。

　一方の弘前では、1878年には92名が在籍していた東奥義塾小学科女子部が学校事情により、1882年1月に廃止されていた。遺愛女学校の開校準備に当たっていたミス・ハンプトンは生徒募集のために弘前を訪れており、第1期の入学者は高谷とくを含む弘前からの寄宿生6名でスタートした。函館新聞（1882年2月4日付）は開校式について、「女学の興隆に期して待つべく実に歓ばしきこと」と報じている。

● 弘前女学校の開校とその教育

　東奥義塾小学科女子部が廃止となったあと、在籍していた女子は県立女子師範附属校に転籍したが、それも1885年には廃校となり、再び最寄りの公立小学校に移らざるを得なかった。遺愛女学校への入学者の多数が弘前出身者であったことからもわかるように、西洋文化による新しい女子教育の継続が期待され

ていた弘前では、地元に女学校を開設したいとの気運が高まっていた。弘前教会牧師の本多庸一(よういつ)（東奥義塾初代塾長）と遺愛女学校校長ミス・ハンプトン（のちの弘前女学校第7代校長）が協議し、1886年6月25日、遺愛女学校と同じくカロライン・ライトにちなんだ来徳女学校を、遺愛女学校から開設のための資金援助も受けて、弘前教会会堂内に開校、翌年に弘前遺愛女学校と改名、1889年に弘前女学校となった。1888年6月の「弘前女学校設立趣意書」は次のように国家にとっての女子教育の重要性を高らかに謳っている。

遺愛女学校で学んでいた青森県出身の女生徒
（『青森県女性史』口絵より転載）

> 女子は文明を生む母氏なりとは西哲の格言なり。故に社会の進みたると進まざるとは其の国女子智徳の多寡を以て測ることを得べし。〔中略〕女子の教育国家の汚隆に関する大なり。〔中略〕百事維新の今日に当(あた)り、女子教育の風潮満天下に漲(みなぎ)り〔中略〕淑徳の教師を迎へ完備の女校を設くるを以て急務となせり…。

　教育課程の特色は西洋文化の伝授であり、第一に英語教育があげられる。当時正式に英語の授業を実施していたのは東奥義塾と青森県立第一中学校のみであった。高等小学科では週に5時間の授業を4年間、本科では週に6時間の授業を3年間、それに加えて本科で学ぶ「経済学初歩」や「化学初歩」、「万国史」などの教科書はいずれも英語で書かれたもので、東奥義塾で使われていたものと同じであり、相当な英語力を持っていることを前提としていた。

　第二は技芸教育である。従来の和裁の学びに加えて、本科（3年間）では科目「裁縫」として西洋文化である毛糸編物を取り入れている。技芸教育の成果として、1891年の西津軽郡産業品評会に編み物を出品し一等賞をとっている。技芸教育を重視したのは、実際の家庭生活に役立つという良妻賢母型の教育に留まらず、1893年の学則改正による女工科（週に6時間の技芸の授業を4年間）設置にみら

れるように、県内各地の公立小学校で不足していた裁縫や手芸を指導する女性教員を育成することを目的としたものであった。

● 「社会の一婦人として」活躍する女学生たち

　それでは西洋文化の教育を受けた生徒たちは、どのような考えを身に付けて卒業していったのか。在学中の学びの成果が表れている弘前女学校生徒卒業論文集（1899〜1901年に作成）をみてみよう。

　1899年の卒業生は「自警十二則」を共通テーマに、各自が12条の項目を挙げて論じている。葛西きえは、「わが品位を高め、天与の職を全うし、社会の一婦人として清き生涯を送らん」と書き、さらに「今やわが国世界の文明国として万国と交際するときに当りてもなお、依然として男尊女卑の弊を存するは、いかなる故ぞ畢竟（ひっきょう）するところ女子の志操の不定なるより他ならず」として、未だ男尊女卑の風潮があるのは、女子に文明国の一員になる強い意志と覚悟が欠如しているからだとし、その奮起を促している。この卒論をみた教師は教え子の周囲との軋轢（あつれき）を心配したのか、その主張を婦徳によって和（やわ）らげることを助言しつつも、「意気軒高、筆致鋭利」と評価しており、新たな時流を創り上げていくことを期待しているとも読めることから、弘前女学校の目指す女性像がうかがえる。卒論には婦徳、節倹、忍耐という文言や、勤勉や自己反省を示す表現がみられるなど、良妻賢母を求めた旧来の女性像や通俗道徳の意識も多くみられる。

　一方で、衛生、清潔という文明的観念や、天与の職というキリスト教的な職業観の影響がみられる。校長の大半が女性宣教師であって、自己の信念にもとづいた生き方をしており、女性としていかに生きるべきかの身近なお手本として憧れ、影響を受けた生徒が多かったと思われる。そして、結婚して家庭に収まるということではない新しい生き方をする卒業生が多かった。

弘前女学校生徒卒業論文集
（『青森県女性史』38頁より転載）

1892年・第1回卒業生本科2名のうちの一人中村のぶは、保母として弘前における幼児教育を牽引した。1899年の卒業生は本科8名・専科3名の11名で、全員が洗礼を受け、本科生の木村きよ、専科生の服部すえ、早川としの3名はそのまま教師として学校に残り、小山内たか、葛西きえは和徳尋常小学校に教師として勤務している。先述した高谷とくは、東奥義塾女子小学部を卒業後に、授業料と寄宿費が免除される校費生として函館の遺愛女学校へ進み、卒業後は英語を自由自在に操り、弘前女学校の教師として、アメリカ人宣教師と教会員の間の通訳として活躍した。1901年卒業の小松つねは、8歳で入学し、尋常小学科、本科と11年間在学し、卒業後に青山学院で英語を学び、弘前女学校で約7年にわたり教師として勤め、理事にもなっている。1901年の時点で卒業生の多くが弘前市内の公立小学校の教師として勤めており、卒業生のいない弘前の公立小学校は1校のみであった。

英語教育や技芸教育のほかにも、在学中にオルガン演奏の讃美歌に親しみ西洋音楽の素養を身に付け、キリスト教的な職業観や近代的な女性観を持った彼女たちは、実際の教育実践においてもそれらを活かしていったものと考えられる。このように同校は明治30年代初頭まで青森県内の公立初等教育機関で働く女性教員を養成する場として大きな役割を果たした。

● 岩木山登山はどう受け止められたのか？　―復古と開化のせめぎあい―

このように弘前女学校が弘前の女子教育に貢献した一方で、これまでの伝統的な日本文化とは違う西洋文化による新しい教育は、奇異な目でみられることもあった。その1つが長らく女人禁制であった岩木山への登山であり、1909年に教会関係者に弘前女学校生徒を加えた総勢19名で実施された。「是れ恐くは女子団体にして登山したる者の先駆者なるべし。〔中略〕古より女人禁制の霊山として若し白昼公然登山する女人あれば、必ず本人に或はその家族に、又は其の町村内に何等かの怪異又はお咎めのあるものとなし、決して登山するものなかりければ、本校は其の謂れなき迷信を打破せんと欲し、傍ら教育目的を以て敢てその登山を計画し」（『弘前女学校歴史』1927年）との学校の方針によるものであった。参加生徒の一人花田貞子は次のように当時を回顧している。

家の者にやってくれと再三嘆願したのですが、どうしても許してもらえず

一言のもとに叱りとばされ、死んでもよければ行けといわれ残念でなりませんでした。それでもお山の魅力につかれていた〔中略〕山上の礼拝が初められました。お山が初まって以来の我等の礼拝ではないでしょうか。〔中略〕この岩木山登山のことを新聞に出したものですから大変です。お山をけがしたとかなんとか散々な目にあったそうですが、今日お山参詣＊かえりに鉢まき姿もりりしい村の老若男女の女の人がまじって踊っているのを見てはうたた今昔の感にたえません。(『会報』復刊第2号、1956年12月；『弘前学院百年史』174〜175頁より再引)

＊お山参詣は五穀豊穣の感謝と祈願をこめ、山頂奥宮に村落ごとに団体で登拝する古くからの行事。

さらに、「頗る(すこぶ)ハイカラにして当地の老人たちをあっとばかりに仰天せしめたり」(『東奥日報』1909年8月9日付)、出発当日の食料についても、「茹で玉の牛肉のと、さすがに耶蘇(やそ)の女学校だけありて、魂消(たまげ)たものなどと評判とりどり」と報じられた。登山後も、「敢て不浄の女人を引率して霊山を汚した罪は万死にあたる」との文書が学校に送りつけられるなど反響は大きかった。

生徒の筒袖着用(袂のない筒状の袖、洋服はみな筒袖である)にまつわる騒動もあった。1901年に動作が活発な小学生には筒袖が適しているとの合理的な判断により、学校は尋常科と予科では制服として着用させることにした。これに対しては、新聞に「西洋心酔者のやり方」と非難する投書があったものの、学校は意に介せず貫き通した。筒袖を県内で最初に取り入れた弘前女学校は世間の注目を集めた。

岩木山の入った校旗
(『弘前学院百年史』196頁より転載)

● 西洋文化受容の心性

もともと弘前藩は時代に合った学問を取り入れようという姿勢が顕著で、

141

1869年には「英学寮」を設置するほどであり、1870年に本多庸一が英学習得のために横浜に派遣されたのもその一環であった。このような藩風に加え、その背景には、戊辰戦争時の奥羽越列藩同盟をめぐる混乱から時流に乗り遅れたという意識と、西洋文化を積極的に導入してその劣勢を挽回するとともに、政府の中枢を占めていた旧薩長土肥藩士に対抗して来るべき立憲国家の中枢になろうとの考えが旧弘前藩士族には強かった。こうしたことを背景に、菊池九郎（東奥義塾創設者でのちに初代弘前市長）と本多庸一は、廃藩置県の影響で廃校寸前となっていた稽古館を東奥義塾として存続させ、英語教育に力を入れるために外国人教師を相次いで招へいしていった。その結果、英学はもとより、西洋流の演説、討論などの言論術が鍛えられ、それが地域にも波及して自由民権運動の活性化にも大きく寄与し、同校は西洋文化伝授の中核的存在となった（『津軽の歴史』13章参照）。

　学校は人々を文明社会に適合させ、国家の一員としての自覚を持たせ、自発的に国家の発展に寄与させる機能を持つ国民国家創造にとって不可欠な存在である。青森県令北代正臣は同県の風俗を「蝦夷ノ余風ヲ存シ、冥頑固陋以テ今日ニ至ル」と認識した上で、大久保利通内務卿、大隈重信大蔵卿に宛てて、東奥義塾の教育によってこれを浄化するために政府からの援助金を要請している。このように、弘前における西洋文化の受容は、文明開化という政府が打ち出した政策の大きな枠組みのなかの1つの現象であるが、一方的に受容していたわけではなかった。

　例えばキリスト教についても、宗教というより地域を文明化する啓蒙的役割が期待されていた。東奥義塾卒業生の伊藤重は洗礼を受けた理由について、「欧州文明国ては耶蘇教を奉せぬ国民には対等の権利を与へない。日本が文明国の仲間入りするには耶蘇になるのが一番捷径たと云ふ考

弘前学院（旧弘前女学校）外人宣教師館

へを有つたからてある。是は独り私計りてはない」(『弘前新聞』1909年10月8日付)と語っている。新しい時代を生きていくための1つの方法としてキリスト教を選び取ったといえよう。また後年、東奥義塾が財政困難となった際、菊池九郎ら経営層は経営基盤を安定させるためのメソジスト派の援助を断っているが、これは東奥義塾がミッションスクールになることを回避するためであった。学校とキリスト教との関わりの強さや、自由民権運動の拠点となっていることなどへの旧弘前藩士族保守派の批判があったため、元藩校としての面目も守ることを重視しながら、生徒の西洋文化享受は維持することにした。こうした姿勢は旧弘前藩士族としての矜持であり、幕末から明治を生きた地域指導層は開化と保守を重層的に抱えていたことがわかる。

　このような主体的な西洋文化受容の成果として、女性の解放・自立を目指した女子教育という営みが、弘前から函館へ、そして弘前へと相互に連携、伝播しあって花開いたのが函館遺愛女学校と弘前女学校であった。

(國岡　健)

【もっと知りたい人のために】

　弘前市内には明治・大正期に建造された洋風建築物が点在しており、招へいした外国人教師の住宅が残されている。その一つが、**「旧東奥義塾外人教師館」**(青森県重宝)で東奥義塾に招かれた外国人教師の住まいとして1890年に建てられた。現存のものは2代目であり、1899年に焼失したのち1900年に建設されている。館内には、当時の外国人の生活を再現する展示物がある。また弘前学院大学の敷地内にある**「弘前学院外人宣教師館」**(国指定の重要文化財)は、同学院の前身である弘前女学校にアメリカの婦人伝道局から派遣された婦人宣教師の宿舎として1906年に建設された。

　他方、函館市杉並町の**「遺愛学院(旧遺愛女学校) 本館」**は1908年に竣工され、同じ敷地内にある**「遺愛学院(旧遺愛女学校) 旧宣教師館」**とともに国の重要文化財に指定されている。

〈参考文献〉
青森県女性史編さん委員会編『青森県女性史　あゆみとくらし』青森県、1999年
北原かな子『洋学受容と地方の近代』岩田書院、2002年
北原かな子「明治初期津軽地方のキリスト教文化受容」北原かな子ほか編『津軽の歴史と文化を知る』岩田書院、2004年
西川長夫『国民国家論の射程　増補版』柏書房、2012年
弘前学院百年史編集委員会編『弘前学院百年史』弘前学院大学、1990年
盛田稔ほか編『図説　青森県の歴史』河出書房新社、1991年

15. 帝国の缶詰
―北洋漁業の拠点となった津軽海峡―

☞ **教科書では**

　日露戦争は帝国主義国家としての歩みを決定づけた点において、日本近代史上の画期的な出来事であった。重要事項として小学校から高校まで繰り返し学ばれ、教科書には開戦に至る経緯や戦況の推移などとともに、ポーツマス条約によって韓国における優越権、旅順・大連などの租借権及び長春以南の鉄道利権、そして北緯50度以南のサハリンを獲得したことが記されている。このうち朝鮮半島と中国東北部（満洲）については、多くの教科書がその後の展開を手厚く扱っているのに対し、サハリンをめぐる情勢やロシア領沿岸での漁業権への言及はみられない。ここでは、ポーツマス条約を契機に急拡大し、津軽海峡周辺地域に大きな影響を与えたロシア領沿岸での漁業活動について、帝国主義と軌を一にして発展していった缶詰産業に焦点をあてながら眺めてみたい。

● **東北・北海道地方で最大の都市は？**

　現在、東北・北海道地方で最も繁栄している都市はどこだろう。人口の面から眺めてみると、2020年の国勢調査では札幌市が約197万人で最も多く、次いで仙台市が約110万人となっている。では、100年前はどうだったのか。1920年に実施された第1回国勢調査には、意外な結果が示されている。東北・北海道地方で最大の人口を誇ったのは函館市で、全国でも9位に位置していた。その後も1930年まで全国10位以内を維持し、1935年には20万人を超えている。この間、1935年までは仙台市より多く、1940年までは札幌市より多い人口規模を誇っていた。このように、かつて函館は「北の大都市」に位置づいていたが、その繁栄を支えていたのが漁業であった。

　1905年に調印されたポーツマス条約は、北緯50度以南サハリンの主権を日本に割譲するとともに（第9条）、日本海、オホーツク海及びベーリング海のロシア領沿岸における漁業権を日本に許与することを認めた（第11条）。これらの水域での漁業細則を定めた日露漁業協約（1907年）により、日本人はロシア人と同等の漁業権を得ることとなり、沿海州からオホーツク海沿岸、そしてカムチャッカ半島の東西沿岸に至る広大な海域（以下、「北洋」と呼ぶ）で安定的

に漁業を営むことが可能となった。そして、本州と北海道の結節点に位置し、貿易の拠点としても期待された函館には、これらの海域に向かう船舶が集まるようになった。

● 樺太アイヌの包摂と排除

もっとも、ポーツマス条約締結以前も日本人は沿海州やサハリン、カムチャツカ半島において漁業活動を展開し、ロシア側も外国人の漁業活動を容認していた。しかし、1899年に公布されたプリアムール総督府管内海産仮規則では、ロシア人漁業者

「北洋」関連地図

を保護・育成する観点から外国人の漁獲や雇用を禁止する方針が示された。ただ、樺太・千島交換条約（1875年）でロシア領となったサハリンでは、労働力や市場を日本に依存する状況があったことや日本政府による働きかけもあって、日本人の漁業権が暫定的に認められていた。また、ロシア人の入植が思うように進まなかったカムチャツカでは、先の仮規則が示された後も日本人が漁業を主導する状況にあった。ロシア側も中心部から離れた極東地域の管理や開発に手をこまねいていたのである。こうした状況のなかでポーツマス条約で日本人の漁業活動が公認され、「北洋」への進出が一挙に加速したのである。

だが、この日本人の「進出」は、先住民の生活基盤を揺るがす過程でもあった。すなわち、新たに日本領に編入された北緯50度以南サハリンでは、ロシア臣民から没収した漁場の競争入札が進められていくが、入札への参加者を日本臣民に限定する措置がとられた。そのため、樺太アイヌのなかには樺太・千島交換条約後もサハリンに残留し、ロシア臣民となって漁場経営を営む者も存在したが、彼らは新制度によって漁業経営への参入を阻まれた。また、樺太・千

島交換条約後に北海道へ強制移住させられた樺太アイヌの多くは日露戦争中及び終戦後にサハリンへ帰還するが、これらの人々は日本臣民として入札への参加が許可されるはずであった。だが、入札に参加できたのは経営実績を持つ企業的漁業者に限られ、零細な漁業者は門前払いされる状況にあった。こうして国籍と階層という二重の障壁により、樺太アイヌは漁業経営から排除された。

その後、1907年に樺太庁が発足すると「本邦人・内地人／外国人／土人」の3区分からなる住民管理体制が整備され、樺太アイヌは「土人」と把握されていく。1909年には「土人漁場」が創設され、『樺太庁施政三十年史』（樺太庁、1936年）には「人智が極めて低」く、「自然敗退の運命を辿る」「無知なる土人」の「保護の道を拓く」と、その設置理由が記されている。樺太庁長官が管理者となってこれらの漁場を外部に貸し付け、その賃料を「土人保護費」に充当するものであった。このように樺太アイヌの人々は帝国日本に組み入れられる一方、「保護」の名のもとに日本臣民と対等な権利が認められなかった。

● **日本人漁業者の「躍進」とその背景**

では、ポーツマス条約後の日本人漁業者の進出はどのような規模で進んだのだろうか。次頁に示した資料は、ロシア領沿岸水域の日本人経営漁区における漁獲高と生産額の推移を示している。生産額に着目すると、1910年代初頭は5〜600万円前後で推移しているが、1915年以降に急増して1919年には3千万円に達している。漁獲量は1922年まで増加傾向を示し、特に1918年から1922年に急増している。概して1910年代半ばから1920年代初頭に日本人の漁業活動が活発化した様子が読み取れるが、この時期は第一次世界大戦、そしてロシア革命とそれに伴う内戦・干渉戦が展開された時期と重なっている。

第一次世界大戦に協商国陣営として参戦していたロシアでは、戦闘の長期化によって民衆の不満が高まり、1917年に二度の革命を経て社会主義国家が誕生、1922年にはソビエト社会主義共和国連邦が成立している。この間、革命勢力と反革命勢力の間で内戦が繰り広げられたほか、労働運動や民族独立運動の広がりを危険視するイギリスやアメリカ、日本は1918年にシベリアに出兵して軍事干渉戦を展開していく。こうした外部環境の変化は、次に示す3点において、日本の水産業の活発化を促進する要因となった。

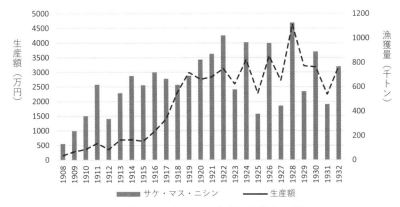

日本人経営漁区における生産額と漁獲高の概況
（農林省水産局『北洋漁業関係統計』1933年、64頁より作成）

　1点目は、第一次世界大戦によってヨーロッパ諸国の生産力が軒並み低下したことにより、それまで軍納品として発展してきた日本の缶詰生産が新たな市場を得ることとなったことである。特にサケ・マスの好漁場となっていたカムチャツカでは、日露漁業株式会社（のちのマルハニチロ）の創業者・堤清六が紅鮭缶詰の製造をいち早く開始し、ヨーロッパへの輸出を着実に伸ばしていた。2点目は、革命と内戦、干渉戦によりロシア人漁業者が打撃を受けたことである。とりわけ革命の影響が極東地域に及び始めると、ロシア人漁業経営者の操業停止や財産没収が進み、水産業の社会主義化が模索されていた。そして、3点目は日本政府がシベリア出兵を通じて軍事的圧力を加えていたことである。日本軍は尼港事件（1920年）を契機にシベリア半島北部及びアムール川河口域の占領を進めていくが、その過程で多くのロシア人や先住民は漁場を失った。加えて、1921年と1922年には「自衛出漁」と称し、ロシア側の了解を得ないまま海軍艦隊の護衛のもとでの操業を強行している。

　こうして拡大した「北洋」での漁業活動と連動しながら缶詰生産も盛んになった。1877年には開拓使が石狩に缶詰製造所を建設し、外国人技師を雇って生産活動をいち早く開始した。その後も道内各地に製造所を設置していくが、その英語表記が記載された缶詰ラベルからは、当初から輸出を強く意識していた様子がうかがえる。また、日露戦争後の北洋漁業の拡大に伴い、青森県内にも水

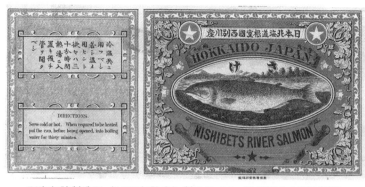

別海缶詰製造所（1878年設立）製のラベル（北海道立文書館提供）

アイヌを描いた缶詰ラベル（青森県立郷土館提供）

揚げされた北洋の海産物を扱う缶詰工場が相次いで建造されていった。

● 蟹工船とは何か？

　他方、この時期の水産業の拡大は、生産技術の近代化と資本主義的経営体制の徹底化にも支えられていた。その象徴が、小林多喜二の小説『蟹工船』の題材にもなった母船式工船漁業による蟹漁である。

　当時、蟹の缶詰製造はアメリカを中心に旺盛な需要が見込まれていた。だが、蟹漁は陸地の缶詰工場まで素早く運搬しなければ風味が損なわれるため、漁獲場所が工場に隣接した漁場に限定される難点があった。しかも、蟹はサケ・マスなどと異なり移動範囲が狭く、漁場の固定化によって乱獲に陥りやすい問題も抱えていた。こうした課題を受け、船舶に缶詰製造機械を搭載して水揚げした蟹を洋上で缶詰に加工する技術が1910年代半ばに確立されていった。1920年代には個人から漁業企業への転換が進み、1923年には工船蟹漁業取締規則が発せられて許可制での操業へ移行し、巨大漁業資本の独占化が進展した。

　この間、工船の大型化が進み、缶詰製造機械を搭載した母船に数隻の小型漁

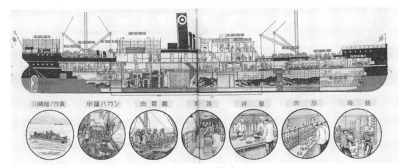

蟹工船の構造
(『海洋少年』19号、海と空社、1940年12月、62〜63頁、国立国会図書館デジタルコレクション)

船を積み込んで漁場へ向かい、小型漁船で水揚げした漁獲物を母船に運び加工する生産体制が確立された。この漁労と缶詰製造の分業を基礎に、甲羅はがし、肉裁割、水洗、秤量、肉詰、箱詰などの生産ラインが整備されるなど、作業の効率化が追求されていた。乗船者は200〜500人にも及び、漁労を担う船頭・漁夫・雑役夫のほか、工場労働を担う職工・雑夫、そして指揮や事務、救護などを担う経営・労務関係者などが乗船していた。細やかな手作業を伴う蟹缶詰の製造では年少者が重宝され、10代の労働者も多く雇用されていた。

　小林多喜二が描いたように、漁夫・雑夫らは洋上で長期間の過酷な労働に従事し、ビタミン不足による脚気などで衰弱する者も多かった。また、大正デモクラシーの雰囲気のなかで厳しい労務管理下の長時間労働や虐待事件が地域新聞で度々報じられ、漁業労働者を組織化して労働争議を進める動きも見られた。青森県は多くの漁業出稼ぎ者を送り出していたが、1928年に全国農民組合・青森県連合会合同大会に提出された議事書には、その労働実態が次のように記されていた。

　　其の労働条件は極端に劣悪であり十二時間乃至十五時間の労働は普通である。而しも傷病に対する保償は勿論治療すら充分に加へられず、カムサツカ沿岸に出漁する蟹工船の雑夫の如きは食物の粗悪と飲料水の不良のために常に多数の病、死者を生じてゐる有様である。(『青森県史 資料編 近現代3』777頁)

● 誰が過酷な労働を担ったのか？

　こうして成長した北洋漁業は津軽海峡周辺地域の姿を変貌させ、拠点港となった函館は多くの船舶と漁業関係者を迎え入れるとともに、加工業や造船業、倉庫・運送業などの関連産業も発達していった。他方、対岸の青森県は漁業労働力の中核的な供給地に位置づくようになった。

　近代の日本では資本主義の発達と都市の形成に伴い、居住地から離れた場所で働く「出稼ぎ」が生み出されていくが、1920年代半ばから1930年代初頭の青森県の出稼ぎは男性比率が約9割と高く、業種も約8割が水産業に集中していた。山本茂実の小説『あゝ野麦峠』では製糸工場の女工が描かれているが、当該期の出稼ぎは全国的には男6女4ほどの比率で推移し、製糸・紡績業などが盛んであった。この点、青森県は都市や工業地帯に近接しておらず、北洋漁業が労働力を吸収した点に特徴があった。また、近世には津軽・下北などから蝦夷地へ向かい、鰊漁などに従事する「松前稼ぎ」が活発化していたが、その蓄積も人々を「北洋」へ向かわせる要因になっていたと考えられる。

　下に示した資料は青森県出稼組合連合会による1927年の調査報告であるが、漁業出稼ぎ者の渡航先は北海道、樺太、カムチャツカ、サガレン島（北緯50度以北のサハリン）、ロシア領沿海州となっており、春先から秋にかけて3〜6ヶ月間の労働に従事していたことが示されている。この調査では市町村ごとの送り出し状況も検討されており、その出身地は青森県内全域に及び、特に西津軽郡と上北郡、三戸郡が多く、出身業種は漁業者と農業者がほぼ半々となっていた。つまり、北洋漁業は流氷が溶ける春先から開始されるが、農繁期と重なる時期にもかかわらず、多くの農民が出稼ぎに参入していたのである。その担い

出稼先	出稼先ノ漁種	出稼期間	出稼日数	一期間ノ普通所得				前渡金		
				船頭	下船頭	漁夫	雑夫	最高	最低	普通
北海道	鰊	3月〜6月	120日	300円	200円	100円	50円	250円	50円	90円
樺太	鰊鮭鱒	4月〜8月	120日	250円	180円	115円	90円	250円	70円	100円
カムチャツカ	蟹鮭鱒	5月〜9月	130日	300円	200円	120円	100円	250円	70円	100円
サガレン島	鮭鱒	6月〜11月	180日	300円	170円	130円	100円	250円	60円	100円
エトロフ	鱒	6月〜11月	140日			100円		90円	70円	90円
露領沿海州	蟹鮭鱒	4月〜9月	120日		300円	120円	110円	120円	70円	90円

青森県の漁業出稼ぎ者の出稼ぎ先と期間

（青森県出稼組合聯合会『県外出稼ニ関スル調査書』1927年〈『青森県史 資料編 近現代3』766頁〉をもとに作成）

手は小作農や零細農家の次男・三男であったと推察され、不況や凶作で疲弊する農村の様子が浮かび上がる。また漁業者についても、動力化や近代的漁法などから取り残された零細漁民が中心的な担い手であったと考えられる。

　近年の研究（中村2022）では、給料の大部分が前渡金（前借金）として支払われ、雇用終了後に日用品や薬代などを差し引く契約を結んでいたことが明らかにされている。その際、雇用契約を示す「差入書」をみると雇用終了後に受け取る報酬額がゼロのケースが目立つことから、雇用主が日用品等の経費を都合よく算出できる契約であったことが指摘されている。それでも、漁夫たちにとっては手早く現金を得ることができ、雇用中は住まいと食事を確保できた。不利な契約や過酷な労働を強いられながらも、ここに生き延びる希望をみたのだろう。

　以上、ここでは日露戦争後から1930年代初頭にかけての北洋漁業をめぐる状況を眺めてきた。その後、1930年代半ば以降になるとロシア側の生産体制が整備されたことで日本の漁業活動は現状維持に留まり、第二次世界大戦が始まると物資不足や戦闘で出漁自体が滞っていく。そして、1945年8月のソ連参戦により漁業条約が破棄され、敗戦後はGHQにより遠洋漁業の停止が指示されていく。日ソ漁業条約（1956年）によって再開されたのちも、ソ連・アメリカによる拿捕や燃料高騰に悩まされ、1970年代以降は排他的経済水域によって活動範囲が著しく狭まり、衰退の一途をたどることとなった。

（小瑶史朗）

【もっと知りたい人のために】
　北洋漁業に関わる各種資料が豊富に展示され、その歴史的な展開を函館市や関連企業との関連を中心に跡づけている。漁業の対象となった海産物や漁船・漁具、関係した人物、缶詰ラベルなどの展示に加え、北洋航海体験室で疑似体験ができる。
函館市北洋資料館　函館市五稜郭町37-8　TEL：0138-55-3455

〈参考文献〉
井本三夫『蟹工船から見た日本近代史』新日本出版社、2010年
神長英輔『「北洋」の誕生』成文社、2014年
中村一成「近代日本を漁業出稼ぎで生きる」大門正克ほか編著『「生きること」の問い方』
　　日本経済評論社、2022年
原暉之編『日露戦争とサハリン島』北海道大学出版会、2011年
増田公寧「青森県内における戦前の水産缶詰業と関連資料の紹介」『青森県立郷土館研究紀要』
　　第38号、2014年

|コラム|
|5|

津軽海峡と感染症

　高校の新科目「歴史総合」は、大項目D「グローバル化と私たち」で感染症を取り上げ、グローバル化に伴う生活や社会の変容について考察することを明示した。おりしも、新型コロナウイルス感染症のパンデミックを経験した私たちにとって、いま最もアクチュアルなテーマといえる。ただ、教科書はグローバルないしナショナルな視点が強く、地域における感染症の歴史を掘り起こして教材化すること、一人ひとりの生活を描く「小さな歴史」を集めることが不可欠である（飯島2024）。ここでは教材化で注目したい、北海道開拓（13章）と漁業出稼ぎ（15章）に関連する感染症の歴史を簡単に紹介しよう。

● **北海道開拓と感染症　―結核とマラリア―**

　近世後期、文化・文政期（1804〜29年）以降、アイヌ人口が急激に減少した。特に、早期から和人が進出した西蝦夷地が最も著しく減少した。その原因の1つに、和人との接触による天然痘・梅毒・麻疹などの疫病・性病の流行があったといわれる（榎森2007）。

　そして近代、北海道開拓で新たに和人が持ち込み、アイヌの生存を脅かしたのは結核であった。アイヌには結核菌に対する免疫性がなく、さらに同化政策で生活基盤を破壊され貧困化し、栄養不足で体力や抵抗力が低下していたため、結核死亡率は和人よりはるかに高く、特に明治20年代以降に入植が一気に進んだ十勝・日高・上川のアイヌの死亡率が高かった。1912〜16（大正元〜5）年の5ヶ年平均では、全道平均7.47%に対し、アイヌは25.31%で、十勝のアイヌが48%と最も高く、次いで日高33.57%、上川30%であった。日高・平取町のアイヌのエカシ（長老）萱野喜太郎（1911年生まれ）は後年こう語っている。

　　なんと言っても一番長く根をはびこらせてアイヌを苦しめたのは結核だよ〔中略〕俺が結核という怖しい言葉を聞いたのは、シャモ〔和人〕が入ってきてからだよ。最初に家の者がシャモの家に住込みで働いたんだ。そしたら半年もしないうち体の調子が悪いとして帰ってきてな、まもなく死んだのよ。考えてみればあれが結核の菌をコタン〔村〕へ植えつけた最初になるんだ。それから俺の家を中心に次々と結核が蔓延してな。金もないから病院にかけることもできん。だから家で寝かしておくだけだ。家も狭いし、今度はバタバタと寝込んでな、おっかあーをはじめ、子供は八人のうち五人まで結核で死んでしまったさ。（『アヌタリアイヌ』第8号、1974年；榎森2007、429〜430頁より再引、〔　〕は筆者注）

152

コラム5　津軽海峡と感染症

　また、北海道開拓では、マラリアの流行が近年注目されている。熱帯・亜熱帯の感染症と思われがちだが、マラリアは農耕・移民・戦争などによってヒトが生態系に介入すると流行する「開発原病」で、寒冷地も例外ではない（飯島2023）。北海道庁が府県や町村を通じて大量に配布した移住案内には、「流行病は府県に比すれば甚だ少なし風土病も亦少なく唯新移民地に間歇熱〔三日熱マラリアを日本では瘧と呼んでいた―筆者注〕の多く行はるゝを見るのみ」とある（北海道庁殖民部拓殖課編『第二　北海道移住手引草』1901年）。入植和人が最も用心すべき感染症といえば、マラリアだったのである。

● **漁業出稼ぎと感染症　―「スペイン風邪」―**

　第一次世界大戦末期に大流行し、世界全体で数千万、日本内地では約50万の命を奪った「スペイン風邪」は、コロナ禍で百年前の忘れられたパンデミックとして顧みられ、「歴史総合」の多くの教科書で取り上げられている。歴史人口学の速水融は、1919年12月から翌春にかけての後流行期に、青森県は隣県の岩手県や秋田県に比べて流行が激しかったことを明らかにし、その理由として、青森県から北海道への出稼者が多く、全国からウイルスを持って集まった出稼労働者から感染し、そうした感染者が青森県に帰ることによって流行を広めたことを挙げている。例えば、鰊漁場の北海道積丹半島では、1920年3月の漁期になり、余市に出稼漁夫2千人が他県から移入し、連日おおよそ患者7名、死亡者5名ずつ出ており（『北海タイムス』1920年3月8日付）、古宇郡でも流行が猖獗を極め、青森県からの出稼漁夫が罹患し続々死亡、なかには青森に帰った者もいたという（『東奥日報』3月17日付）。外地の樺太では、厳寒の頃に最も猖獗を極めた内地とは違い、漁期の春3月から5月末に流行のピークが来る傾向が顕著で、アイヌ、ウイルタ、ニヴフら先住民族も罹患し命を奪われ、人口減少に拍車をかけた（速水2006）。

　なお青森県では、後流行の前夜1919年11月10日から、法定伝染病のコレラ予防のため、函館港発もしくは同港を経て来港する船舶に対し、青森、鰺ヶ沢、大畑、大間の各港で検疫を施行していた（『青森県史　資料編　近現代3』資料516）。北海道と内地の結節点であった青森県は各種感染症の出入口であり、水際対策が重要であったといえよう。

（大谷伸治）

〈参考文献〉
飯島渉「北海道開拓とマラリア」『マラリアと帝国［増補新訂版］』東京大学出版会、2023年
飯島渉『感染症の歴史学』岩波新書、2024年
榎森進『アイヌ民族の歴史』草風館、2007年
速水融『日本を襲ったスペイン・インフルエンザ』藤原書店、2006年

16. 向かい合う「幻の鉄道」
　　―戦時下の物資輸送―

☞ **教科書では**

　多くの教科書には空襲の被害状況を示す地図が掲載されている。都市部で多くの死傷者が発生したことが示されており、千人以上の犠牲者が発生した青森空襲を地図上で記している教科書もある。しかし、死傷者数を基準にした地図では函館や青函連絡船が受けた空襲被害は省略され、総力戦体制のもとで津軽海峡がどのような機能を担っていたかを読み取ることは難しい。他方、多くの教科書が朝鮮や中国からの労務動員に触れ、劣悪な環境のもとで労働に従事していたことを記しているものの、その実相に迫る資料や記述が不足する傾向にある。本章では、アジア・太平洋戦争が深刻化するなかで津軽海峡が軍事戦略上の要衝と見なされていく過程を、鉄道敷設との関連に着目しながら検討してみたい。

● **なぜ津軽海峡は狙われたのか？**

　1945年7月28日22時30分過ぎ、青森市上空からアメリカ空軍のB29爆撃機の編隊による空襲が開始され、1時間以上にわたって焼夷弾が投下された。この空襲により市街地が焼き尽くされ、多数の死傷者が発生することとなった。この出来事は「青森空襲」として知られ、モニュメントや出版物・映像などの制作を通じ

青函連絡船戦災の碑（青森市）

戦うて痛ましい歴史を後世に伝える取り組みが重ねられてきた。
　実は、この青森空襲の2週間前の7月14～15日に北海道各地でアメリカ軍による大規模な空襲があった。津軽海峡周辺地域では12隻の青函連絡船とその関連施設などが次々と襲撃され、400名を超える死者・行方不明者を出すこととなった。沈没した津軽丸と第三青函丸は未だ発見されておらず、殉職者138名が現在も海底で眠り、遺族のもとには帰っていない。なぜ、青函連絡船はアメリ

16. 向かい合う「幻の鉄道」

軍の攻撃対象となったのであろうか。

そもそも青森と函館を結ぶ青函連絡船が就航したのは1908年のことである。ただ、この時点では鉄道車両を積み込む貨車航送は始まっておらず、すでに函館港と青森県各地を結ぶ定期航路が開設されていたこともあり、特別な存在ではなかった。1872年に新橋・横浜間に鉄道が開通して以降、鉄道網が全国的に拡張し、1891年には上野・青森間が開通した。北海道では幌内炭山における石炭層の発見をきっかけとして、それを小樽港へ輸送する幌内鉄道の敷設工事が1880年に開始され、同年に手宮（小樽）・札幌間、1882年に札幌・幌内間が開通している。その後も石炭や木材、農産物・水産物などの供給地としての役割が期待された北海道では鉄道敷設が急ピッチで進み、1904年には函館・小樽間、その翌年には函館・札幌間も開通した。そして、これらを前提として函館駅と青森駅の間で鉄道車両をそのまま連絡船に積み込む貨車航送が1925年から開始され、航路と鉄路の乗り換えの利便性が大きく向上することとなった。

この間、鉄道は近代化を支える基盤として産業振興を促しただけではなく、兵士や軍事物資の輸送を担うなど軍事システムとも深く結合し、帝国日本の膨張を支える基盤となった。函館港にも出征する兵士の姿がみられたほか、武器や軍需用機械なども集積し、各地へ輸送されていった。そして、アジア・太平洋戦争が勃発し戦況が悪化するようになると、青函連絡船を通じた軍需品の輸送は一段と強化されていった。統計資料に示されているとおり、青函航路の貨物輸送量は1930年代末から急増しており、特に「上り」（本州方面）の増加率が著しかった。その中心は石炭である。

石炭は近代化を支えたエネルギー資源であり、大半を輸入に依存していた石油と異なって自給が可能であった。ただし、産炭地の多くが九州と北海道に偏在していた。そして、1941年7月に最大の石油輸入先であったアメリカが

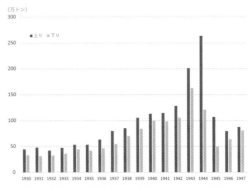

青函航路の貨物輸送実績（1930〜1947年）
（青函船舶鉄道管理局『青函連絡船史』1970年をもとに作成）

全面禁輸措置をとり、総力戦体制のもとで各地の工場が軍需工場へ転換されるなか、石炭の需要は著しく高まることとなった。この需要の増大を受け、青函連絡船はフル稼働で石炭輸送に対応していたが、それだけでは対処できず機帆船を用いた貨物輸送が展開されるほどの状況であった。

　アメリカ軍が青函連絡船を襲撃した理由もこの石炭輸送を断ち切ることにあり、それにより軍需産業全般に打撃を与えることを狙っていた。他方、日本政府の側では1945年6月8日に開催された御前会議で「国力の現状」が報告され、「戦局の急迫に伴い海陸交通並に重要生産は益々阻害せられ食糧の逼迫は深刻を加へ近代的物的戦力の綜合発揮は極めて至難」との現状認識が示されていた。また、海上輸送力については「本年末に於いては使用船腹量は殆んど皆無に近き状態」に陥り、鉄道輸送も空襲被害などによって「前年度に比し二分の一程度に減退す」という絶望的な見通しが示されていた（アジア歴史資料センター：Ref.C12120121700）。そして、同年7月6日に閣議決定された「昭和二十年度物資動員計画第二、四半期実施計画」では、重点施策の1点目に「石炭（亜炭を含む）の増産と増送とに寄与する方策は優先強行して戦力増強の根基を培養す」ことが打ち出された。そして、輸送が困難化することを見据えて重要物資を繰り上げて輸送する方針が示され、特に「九州炭及北海道炭の本土向増送計画は之を完遂する如く策応するものとす」との方策が指示されるほど、石炭輸送の緊急性が高まっていた（アジア歴史資料センター：Ref.A03023609000）。

　アメリカ側の報告によると、津軽海峡を空襲したのはフィリピン・レイテ湾から出動した第38機動部隊であり、4隻の空母から飛び立った戦闘機の出動回数は2日間で計350回を超え、500ポンドの爆弾856発、ロケット弾502発が投下された。この空襲により青函連絡船のみならず、先述の機帆船も数多く沈没したことが報告されている（西村恵「函館の空襲に関する米国戦略爆撃調査団報告」『地域史研究はこだて』第10号、1989年）。こうして輸送網を絶たれるなど壊滅的な打撃を受けることとなったが、大本営発表で東北軍管区司令部は「わが方の損害は極めて軽微なり」と実態とは乖離した報告を行なっていた（アジア歴史資料センター：Ref.C16120680400）。

● 2つの「幻の鉄道」

ところで、下北半島と道南地域には、とてもよく似たアーチ橋の鉄道遺構がいくつか残されている。下北半島の代表的な遺構は、風間浦村下風呂地区にある大間線のアーチ橋遺構であり、通称「メモリアルロード」と呼ばれ観光スポットになっている。他方、亀田半島の南端に位置する汐首岬付近にも「汐首陸橋」と呼ばれるアーチ橋が残されている。これは、戸井線の代表的な遺構である。この大間線と戸井線は、それぞれ「幻の鉄道」と称されることが多い。なぜ、海峡を挟んで向かい合うように「幻」の鉄道遺構が残されているのだろうか。2つの路線にはどのような関連性があるのだろうか。

両路線の歴史は、1922年4月に公示された改正鉄道敷設法にまで遡る。同法は産業開発や国防などの観点から新規に敷設が望まれる建設予定路線として149線を選定し、その敷設理由を示した。そのなかで、大間線は「青森県田名部ヨリ大畑ヲ経テ大間ニ至ル鉄道」、戸井線は「渡島国函館ヨリ釜谷ニ至ル鉄道」として選定されていた（国立公文書館デジタルアーカイブ：御13445100）。

このうち大間線は、野辺地と大湊を結ぶ路線として1921年に先行開通していた大湊線を田名部にて分岐させて大畑と結び、その後、大間に至る路線として構想された。この新路線の敷設に対しては地元有志による請願運動が展開され、1921年に河野榮蔵ほか118名の名で「大間、大湊間鉄道敷設速成ノ請願」が衆議院に提出されている。そこには「北海道函館港と青森県下北郡大間港とは呼べば応ずるの近距離にして両港の交通を完全ならしむることは北海道、本州間の連絡上最有力なるのみならず、産業の振興上必要欠くべからざるものなり」との認識が示され、「然れども大間、大湊間鉄道の未だ敷設せられずして大間

旧大間線アーチ橋（風間浦村）

旧戸井線 汐首陸橋（函館市）

港の交通的能力の発揮を阻害しつつあるは誠に遺憾」と記されている（アジア歴史資料センター：Ref.A14080790400）。なお、鉄道省が1920年12月に示した「鉄道敷設法予定線路一覧」は、大間線の敷設理由について「下北半島の産業開発を図り兼て本路線の敷設に依り対岸北海道との交通連絡の途を開く」と記していた（国立公文書館デジタルアーカイブ：類01447100）。

　他方、戸井線は函館・札幌間の五稜郭駅付近から東側に分岐し、海岸線沿いに湯の川・銭亀沢方面へ進む路線として構想され、当初は釜谷を終着駅としていたことから函館釜谷鉄道とも称されていた。先述の鉄道省「鉄道敷設法予定線路一覧」は「沿道は海陸の物資豊富なるを以て一般の産業の発展を図るとともに既成線の営養たり」と敷設理由を記し、流出品として「海草、鰮粕、鰮油、生鰮、鮭、鯣（するめ）、活鮮魚」、流入品として「米、清酒、砂糖、石油、縄、筵（むしろ）、醬油、陶磁器、雑貨」を挙げ、主として産業振興に資する路線として性格づけていた。『函館市史 別巻 亀田市編』（1978年）によれば、大間線と同様に沿線地域の有力者などからなる「速成期成同盟会」が結成され、請願活動が展開されていた。

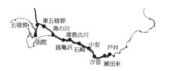

　このように、大間線と戸井線はともに1920年代初頭に敷設構想が示され、地元住民による運動も展開されていた。しかし、両路線の工事が実際に開始されたのは、1937年のことであった。なかなか着工が進まない状況に対して、早期実現を求める要望が繰り返し提起され、私設鉄道を敷設する動きもみられた。だが、人口が少なく厳しい経営が見込まれた両地域において、住

大間線と戸井線の関連地図

民生活や産業振興の論理によって鉄道敷設に向けた動きが具体化するのは容易ではなかった。

16. 向かい合う「幻の鉄道」

● 何が鉄道敷設を促したのか？

　では、大間線と戸井線の敷設は、どのような要因に促されていたのだろうか。実は両路線の敷設を主導したのは軍事の論理であり、津軽海峡の防衛体制の再編と連動しながら敷設に向けた動きが進展していた。

　日清戦争の終結後に函館港の防衛を目的とした軍事施設（函館要塞）が造成され、現在は夜景スポットとして知られている函館山の薬師山・御殿山、津軽海峡を望む千畳敷などに砲台が設置されていた。しかし、日露戦争中にロシア艦隊が津軽海峡を通過して太平洋方面へ向かい静岡付近で攻撃を加えたのち、再び津軽海峡を通過して日本海側へ戻るという出来事があった。ウラジオストクの軍港から太平洋へ向かうためには、津軽海峡を通過するのが好都合だったのである。このロシア側の行動に対して函館要塞が軍事的機能を果たせなかったことが問題視され、津軽海峡の防衛体制の見直しが進められることになる。

　まず1909年に「要塞整理要領案」が示され、その審議の過程で函館要塞の廃止と津軽要塞の新設構想が示されていく。その後、第一次世界大戦やワシントン会議（1922年）による軍備制限条約などを加味し、1923年に「要塞再整理要領」が策定された。これにもとづき「津軽要塞建設要領書」が作成され、千畳敷に設置されていた一部の砲台を吸収するとともに、新たに龍飛崎、汐首崎、大間崎、尻屋崎に砲台などを設置する方針が示された。そして、1924年に大間崎第一砲台の建築が開始され、北海道側でも1927年に汐首岬砲台の工事が開始された。津軽海峡の東口に位置する大間崎と汐首岬の距離は約17.5kmで、海峡内の最短地点にあたる。その両岸に津軽海峡での軍事行動を妨害するための砲台が設置されたのである。これ以降も国際情勢や戦局の変化に対応しながら軍事施設の構築が進められた。1938年には汐首岬第二砲台が起工し、1940年

函館山第二砲台（1922年）
（函館市中央図書館デジタル資料館、資料番号 ph001050-0001）

159

の竣工をもって津軽要塞の建設工事は完了している。

　この津軽要塞の建設に必要な物的資源や兵力の輸送装置としての役割を期待されたのが、大間線と戸井線であった。大間線は下北・大畑間（大畑線）の工事が1937年に開始され、1939年に開通している。その後、大畑と大間を結ぶ第2期区間の工事が開始され、1941年の開通を予定していたが、1943年に資材不足を理由に工事中止が指示された。他方、戸井線も1937年8月に第1期区間の五稜郭・湯の川間の工事が開始された。同年7月に鉄道省北海道建設事務所が陸軍大臣宛てに出した「要塞地帯内鉄道線路敷設に関する件」では「五稜郭・戸井間鉄道」と表記して戸井を終着駅とし、1939年2月に工事期間が終了する見通しが示されていた（アジア歴史資料センター：Ref.C01002241200）。しかし、大間線と同じく1943年に工事が中断されることとなった。こうして、軍事的な要請を背負い進められた大間線と戸井線の建設工事は、完成まであとわずかの地点まで進んでいたにもかかわらず、敗戦によって軍事的な理由づけが失われ、工事が再開されることのないまま「幻の鉄道」となった。

● **誰が労働を担ったのか？**

　これまでみてきたように、アジア・太平洋戦争が勃発するなか、津軽海峡は北海道産の石炭を本州へ届ける輸送ルートとして戦略的な重要性を高める一方、「要塞」として軍事的機能も強化された。その結果、炭鉱や土建工事などの労務需要が高まっていったが、多くの日本人青年・壮年層が兵役に就いていたため、日本内地の労働力不足が深刻化していた。それを埋めるために動員されたのが、中国人・朝鮮人労働者である。

　1939年に労務動員計画（1942年以降は国民動員計画）が閣議決定され、年度ごとに必要となる労働力需要とその供給源を算出して計画的な動員が進められていくが、そこに朝鮮人労働者が計上された。以後、朝鮮人の労務動員は「募集」「官斡旋」「徴用」という形態で進められていくが、時代が進むにつれて強制的な性格を強めていった。アメリカ・イギリスとの交戦状態に入ると朝鮮人・中国人労働力の重要性は一段と高まり、1942年2月には「朝鮮人労務者活用に関する方策」、同年11月には「華人労務者内地移入に関する件」が閣議決定され、より強力な動員体制が整備されていった。

16．向かい合う「幻の鉄道」

　これらの朝鮮人・中国人労働者の主な派遣先となっていたのは鉱山、特に炭鉱であったが、それ故、北海道は福岡と並んで中心的な移入先となっていた。北海道の委託事業の成果として刊行された『北海道と朝鮮人労働者』（1999年）によれば、北海道に動員された朝鮮人は14〜15万人とされ、日本内地の2割強に相当していた。大間線と戸井線の建設にも朝鮮人労働者が関与していたことが伝えられており、『アイゴーの海―浮島丸事件　下北からの証言―』（1992年）には、その様子を目撃してきた地域の人々の証言がまとめられている。『函館市史 通説編 第3巻』（1997年）も「強制連行と捕虜問題」の項を設けて石炭荷役や埠頭造成工事、造船所などに従事した朝鮮人・中国人労働者を検討している。また、特別高等警察の内部回覧誌『特高月報』には、「移住朝鮮人」の動向を継続的に監視してきた記録が残されている。そこには労働現場からの「逃走」が頻発していたことや、労働争議や暴動も発生していたことが記されている。夕張の炭鉱での労務に従事し、逃走を試みた経験を持つ朴英培さんは1995年の聞き取り調査のなかで、次のように回想している。

　　当時のことを思い出すと、何といっても自分たちには人権がなかった。タコ部屋で1日1回か2回叩かれるのは当たり前のことでした。自分の体験は隠したいし、子供たちにも話していません。こういうことを話す気になったのは、せめてこういうことがあったことを一人でも分かってほしいからです。（『北海道と朝鮮人労働者』454〜455頁）

（中野悠・小瑶史朗）

【もっと知りたい人のために】
　かつて要塞化が進められた函館山は軍事機密地帯として地図から消去され、一般人の立ち入りはできず、撮影・スケッチも禁止されていた。2001年に「函館山と砲台跡」として北海道遺産に選定され、現在は千畳敷の砲台跡や指令所跡、御殿山第二砲台跡などを見学できる。函館山ふれあいセンターでは要塞跡をめぐるガイドツアーを実施しているほか、センター内に函館要塞に関する資料も展示されている。
函館山ふれあいセンター　函館市青柳町6-12　TEL：0138-22-6799

〈参考文献〉
祐川清人『下北の鉄道と軌道』うそり風の会、2016年
大間鉄道を語り継ぐ会「挫折した大間鉄道」下北の地域文化研究所編『はまなす』第21号、
　　2005年
青函連絡船戦災史編集委員『白い航跡』青森空襲を記録する会、1995年
朝鮮人強制連行実態調査報告書編集委員会『北海道と朝鮮人労働者』、1999年

17. 敗戦後の津軽海峡は何を繋いだか？

☞ **教科書では**

　多くの教科書は、敗戦後の日本社会の歩みを占領・民主化／高度経済成長／冷戦終結を節目に描き出し、「戦争の時代」から平和と民主主義、そして経済的繁栄の時代への転換を強調している。そのなかには在日朝鮮人や沖縄の経験などを組み入れ、平和・民主主義や「豊かさ」から排除された人々の存在に関心を向け、標準的な戦後史像の問い直しを試みている教科書もある。他方、教科書の戦後史叙述は、戦後改革や冷戦などを扱っていることも関係して、「国家」を主語とする文体が他の時代にも増して多くみられる。そのため、私たちにとって直近の歴史であるにもかかわらず「つながり」を実感しにくい。本章では、周辺化されてきた人々の存在に目を向けながら敗戦後の津軽海峡を捉え、その歴史的地層の上で展開されている現在の日常世界との接点を探り出してみたい。

● **4つの碑は何を語るか？**

　日清戦争以降、約半世紀にわたって膨張を続けてきた帝国日本はポツダム宣言の受諾によって崩壊へ至り、占領地・植民地に居住していた300万人を超える民間人は突如として「残留日本人」となった。当初、日本政府は人口急増に伴う食糧不足などの混乱を懸念し、海外に居留する民間人を現地に定着させる方針を示していた。しかし、満洲などにおける情勢悪化が伝わると、1945年10月以降、GHQ/SCAPの指揮のもとで受け入れ体制の整備を急ピッチで進めていった。11月には呉や博多、舞鶴などが引揚港に指定され、主として米軍管理下にあった南朝鮮やフィリピンなどの太平洋地域からの引揚が開始された。

　他方、1945年8月8日に参戦したソ連軍との戦闘は、「玉音放送」が流れた8月15日以降も継続していた。南樺太では、8月11日からソ連軍による攻撃が開始された。8月22日に停戦協定が成立するまでの間に密航船による脱出が相次ぐが、その過程で犠牲となる人々もいた。1945年8月22日には樺太から

小笠原丸遭難者殉難之碑（増毛町）

脱出を試みた小笠原丸、泰東丸(たいとうまる)、第二新興丸がソ連軍・潜水艦の攻撃を受け、1700人を超える犠牲者が出た。増毛町(ましけちょう)の町営墓地にある「小笠原丸遭難者殉難之碑」（前頁写真）は、同町で雑貨店を営んでいた村上高徳が私財をなげうち遺骨収集を進め、1952年に建立した。8月15日の「終戦記念日」以降も戦闘に晒されていた人々がいたこと、沖縄以外でも「地上戦」が展開された地域があったことを思い起こさせる出来事である。

さて、函館は1945年12月に樺太・千島地区を念頭においた引揚港に指定されるが、ソ連軍政下の樺太に残留した民間人やシベリア抑留者の公式引揚は1946年12月に成立する「在ソ日本人捕虜の引揚に関する米ソ協定」を待たなければならなかった。それ以降、1949年までに5次にわたる引揚が進められ、30万人を超える引揚者が函館に上陸したが、その約9割が樺太出身者であった。引揚30年にあたる1977年に全国樺太連盟が建立した樺太引揚者上陸記念碑（左下写真）は、帰還途中の船内及び上陸後の病院で死亡した人々が存在したことを伝えている。

ところで、サハリンの先住民族のなかには終戦を契機に日本へ移住する人々もいた。「静眠の碑（キリシエ）」（右下写真）は、戦時中に対ソ諜報員として樺太内の陸軍機関に召集され、シベリアに抑留された経歴を持つウイルタ出自のダーヒンニェニ・ゲンダーヌ（北川源太郎）によって1982年5月3日（憲法記念日）に建立されている。抑留から解放されたゲンダーヌは1955年に舞鶴に上

樺太引揚者上陸記念碑（函館市）

静眠の碑（網走市）

陸したのちに、故郷と雰囲気の似た網走を生活拠点にしながら日本政府に対して軍人恩給の認定を訴える活動を展開した。建立されたこの碑には「君たちの死を　ムダにはしない　平和の願いをこめて」という言葉とともに、次のような文句が刻まれている。

> 1942年　突如召集令状をうけ　サハリンの旧国境で　そして戦後　戦犯者の汚名をきせられ　シベリアで非業の死をとげた　ウイルタ　ニブヒの若者たち　その数30名にのぼる　日本政府がいかに責任をのがれようとも　この碑はいつまでも歴史の事実を語りつぐことだろう　ウリンガジ　アクパッタアリシュ（静かに眠れ）

　他方、帝国日本に支配されていた諸地域にとって「敗戦」は「解放」を意味し、「内地」への移住を強いられた人々の帰還も開始された。青森県では下北半島で鉄道敷設や軍事施設での労働などに従事していた朝鮮人を釜山に移送するために、1945年8月22日に浮島丸号が大湊港（むつ市）を出港した。だが、8月24日に舞鶴湾（京都府）で爆沈し、500人以上が犠牲となる事故が発生した。その犠牲者を追悼するために建立された浮島丸殉難者追悼の碑（下写真）の前では、除幕式が行われた1978年から現在まで地域の人々を中心とした追悼活動が一貫して続けられ、出港地となったむつ市でも地域の人々による追悼集会が重ねられてきた。北海道においては1945年11月よりGHQの指揮のもとで産炭地の朝鮮人・中国人労働者を汽船と列車で送還する事業が進められ、函館引揚救護局も朝鮮人を対象にした送還業務を展開した。

　このように、敗戦に伴う国境の引き直しによって、死と隣り合わせの危険な移動が大規模に進展するなか、その要衝の1つに位置づいた津軽海峡でも生きることへの展望を切り開こうとする人々の流出入が繰り広げられてきた。同時に、その過程で失われた命を歴史に刻み、次の世代に繋ぐ営みが重ねられてきた。

　他方、敗戦による国境の引き直しに伴って国籍制度も変動した。とり

浮島丸殉難者追悼の碑（舞鶴市）

わけ、日本社会に残留した旧植民地出身者は、サンフランシスコ平和条約の発効とともに本人の了解を得ないまま一方的に日本国籍を失うこととなった。それにより不安定な生活を強いられるとともに、外国人登録法の適用を受けて監視の目が注がれることとなった。また、「外地」からの引揚者のなかにも厳しい生活を強いられる人々が少なくなかった。特に、樺太からの引揚者は在住期間が長期におよぶことが多かったことから「無縁故者」の占める割合が高く、引揚後の住宅・就労支援が重要な課題となっていった。

● 「闇市」を繋いだ人々

　ところで、敗戦に伴い米軍管理下に置かれた青函連絡船は、1945年8月下旬には操業を再開していた。空襲被害で使用可能な船舶が限られ、連合軍の行動に左右される不安定な運航であったが、周辺地域で暮らす人々の生活を支える不可欠の交通網となっていった。とりわけ、外地からの引揚に伴う人口増加や戦災による生産力の低下、そして冷害などによって食料不足は深刻化し、配給の遅配・欠配が常態化していた。こうしたなか、青函連絡船の発着地となっていた青森港・青森駅付近及び函館港・函館駅付近には、連絡船で運ばれる食料物資を扱う「闇市」が自然発生的に形成された。青森側からは米やりんご、酒などが、函館側からはスルメや鮭、鰊などが運び込まれ、空腹にあえぐ人々が殺到することとなった。

　他方、十分な財力や人脈、技術などを持たないまま社会の周辺に追いやられていた戦災者や引揚者、旧植民地・支配地域出身者のなかには、闇市に働き口を求める者も多かった。やがて闇市は警察の取り締まり対象となり、それを犯罪の温床や経済秩序の攪乱要因と結びつけるイメージがメディアを通じて広がっていった。例えば、『北海道新聞』（1946年1月25日付）は「闇市取り締まりに不満　鮮人、警官と大乱闘」という見出しで、「闇市場の存在は悪性インフレを助長させ、市民生活に脅威をあたへている」という函館署の見解を紹介するとともに、取り締まりに抗議する朝鮮人との乱闘事件の一幕を「暴行朝鮮人の鎮圧」や「暴れ廻った朝鮮人」といった表現を用いながら報じている。

　また、闇市の物資運搬を担ったのは「かつぎ屋」と呼ばれる人々であった。その多くが女性であり、戦争未亡人や引揚者も少なくなかった。一般乗客に混

ざって青函連絡船に乗り込み、米俵などの重荷の運搬を担った。加えて、函館には「ガンガン部隊」と呼ばれる行商人の姿もみられた。その担い手もまた女性が多く、新鮮な海産物などを詰め込んだブリキ製の箱を背負い、早朝の鉄道を利用して森町や砂原・鹿部などから函館へ向かっていた。

旧函館朝市の食堂街を歩くかつぎ屋（1957年頃）
撮影／金丸大作　提供／株式会社 peeps hakodate

　その後の区画整理や再開発によって当時の面影は失われつつあるものの、現在の青森駅・函館駅周辺の路地や商業施設のなかには、敗戦直後に生み出された闇市と系譜的な繋がりを持つものが少なくない。津軽海峡を挟んで形成された2つの闇市は、青函連絡船が生み出した社会空間であった。仮に敗戦を機に青函連絡船の操業が停止していたとすれば、駅前の景色は現在とは随分異なった姿をみせていたかもしれない。

● どうしてトンネルがつくられたのか？

　このように、敗戦直後から操業を再開した青函連絡船は占領軍の物資輸送を担ったほか、周辺地域の人々にとって欠かすことのできない交通機関となっていった。その後、高度経済成長期には貨物輸送量が急増したほか、出稼ぎや観光目的での利用者が増え、旅客数も着実に増加していった。そのピークは1970年代初頭であり、以後は減少に転じ、1988年3月に役目を終えた。青函連絡船から青函トンネルへのバトンタッチである。

　青函トンネルの計画は、実は1939年に構想された「弾丸列車計画」（日本と朝鮮半島・中国とを結ぶ鉄道の計画）にルーツがあった。1946年に津軽海峡調査委員会が発足し、トンネル建設に向けてのルート選定や地質調査が開始された。しかし、難工事と巨額の建設費用がかかることなどが予測され、「おろか

な計画」といった批判的な声も強かった。

　1950年6月、朝鮮戦争が勃発した。津軽海峡から遠く離れた朝鮮半島での戦争であったが、海上に敷設された浮遊機雷が海流に乗って津軽海峡まで達し、青函連絡船の運航を妨げることとなった。浮遊機雷は休戦協定が結ばれた1953年に入り姿を消していったが、1956年3月に再び日本海で浮遊機雷が発見され、青函連絡船の夜間運航が一時的に停止されている。

　そのようななか、1954年9月26日、「おろかな計画」とまで揶揄されてきた青函トンネル計画を強く後押しする出来事が起こった。洞爺丸の転覆沈没事故である。この日、中国地方から日本海へ抜け、北海道西岸へ進んだ台風15号（通称「洞爺丸台風」）により、洞爺丸をはじめ5隻の青函連絡船が相次いで転覆し、乗客・乗員あわせて1430人の命が失われた。このうち1155人が洞爺丸の犠牲者であった。この海難事故は、有名なタイタニック号の事故に次ぐ犠牲者を出し、そのなかには「かつぎ屋」も多く含まれていた。

　洞爺丸は千人余りの旅客を乗せ、貨車を18両も積載できる能力を備え、「海峡の女王」とも称された。それだけにこの事故は大きな衝撃を与え、以来、青函トンネル建設に対する批判の声は弱まり、天候に左右されず本州と北海道を安全に結ぶ青函トンネル待望論が勢いを増していった。洞爺丸事故の翌年には津軽海峡連絡隧道技術調査委員会が設置され、青函トンネル計画が大きく動きだし、1963年に北海道側（福島町）での試掘調査準備工事が開始された。もっとも、トンネルの完成までには20年以上の歳月を費やすことになる。

● 高度経済成長から青函トンネル開業へ

　洞爺丸の事故後も、青函連絡船は引き続き津軽海峡を結ぶ大動脈であった。日本経済の成長軌道にあわせて、貨物輸送量と旅客数も増加の一途をたどった。この急増する輸送需要に対応するため、新たな大型船が次々に建造された。1964年5月、その先駆けとして最新鋭船・津軽丸が函館港に姿を現した。洞爺丸の2.5倍以上にあたる48両の貨車を積載できる大型船であった。その後も、八甲田丸をはじめ6隻の同型船が1966年までに就航した。これらの大型新造船の利用者の多くが、列車を乗り継ぎ北海道から青森へ、青森から北海道へと渡ったのである。ピークとなった1973年の旅客数は年間498万人まで増加し、ここ

には多くの修学旅行生も含まれていた。交通体系の発達によって本州の広範囲から北海道を訪問することが可能となり、修学旅行先に選ばれることが増えたのである。関東方面からは上野発の夜行列車を利用して青森駅で連絡船に乗り継ぎ、北海道各地へと向かうようになった。他方、北海道の修学旅行生は本州のより遠くの地域へと赴くことができるようになった。

また、1960年代に入ると津軽海峡を航行するカーフェリー計画が構想されるようになり、1964年に函館と大間を結ぶ航路が開設されたのを皮切りに、青森と函館・室蘭や八戸と函館・室蘭などの航路も開設された。この自動車を積載できるカーフェリーの登場により、「かつぎ屋」が食料品などを運ぶ風景も次第に失われることとなった。

1980年10月、北海道の交通体系に大きな変化が起こった。千歳空港の開業である。これにより、函館を起点とした鉄道輸送体系が、札幌を中心としたそれへと転換し、青函連絡船の旅客数もさらに落ち込むこととなった。連絡船からフェリーへ（鉄道から自動車へ）、そして北海道の玄関口が函館から札幌へと移ることで、1981年の青函連絡船の旅客数はピーク時（1973年）の半数程度まで減少した。

そして、1988年3月、青函連絡船の廃止と同時に青函トンネルが開業

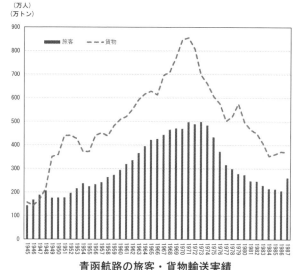

青函航路の旅客・貨物輸送実績
（『青函連絡船史』1970年をもとに作成）

した。青函トンネルの建設は当初から難工事が予測されていたが、そこにオイルショックが重なり、当初10年以内の完成を目指していた工期は大幅に延長され、ようやく1987年11月に完成し、翌年の開業へこぎつけた。その全長は

53.85km（海峡の幅23.3km）で、ドーバー海峡を結ぶ英仏トンネルの50.5km（海峡の幅37.9km）よりも長く、海底トンネルとしては世界最長である。

　ところで、地図会社・ゼンリンが2022年に実施した小学生の修学旅行先の調査によると、東北地方の場合は仙台が多く、その他に関東地方なども選ばれているが、青森県に限っては函館が圧倒的に多い結果が示された。また、北海道の場合は道内各地が多いものの、函館市に限ると青森県を目的地とする傾向がみられた。新幹線や飛行機の普及などによって交通体系が変化するなかで修学旅行先も多様になったが、津軽海峡を挟んだ両地域の小学生は現在も修学旅行で互いの地域を行き来している。

　他方、青函トンネルは貨物輸送の面でも重要な役割を担っている。JR貨物北海道支社によると、北海道から本州へ輸送される玉ねぎの約70％、じゃがいもの約40％が青函トンネルを通って輸送されている。連絡船からトンネルへと変わったが、津軽海峡は現在も日本各地に食料などを届ける上で、重要な役割を担っている。

　2016年3月に開業した北海道新幹線は、新函館北斗－新青森間を1時間ほどで移動することを可能にし、海峡の往来をさらに簡便にしている。そして、北海道新幹線の札幌延伸工事が着々と進められている。今後、新幹線が札幌まで達したとき、津軽海峡の役割はどのように変化していくのであろうか。

（小瑶史朗・篠塚明彦）

> **【もっと知りたい人のために】**
> 　青森と函館には、かつて青函航路で活躍した船舶が資料館として残されている。八甲田丸（青森市）には高度経済成長期の青森駅前を再現したジオラマがあり、かつぎ屋の姿なども確認できる。列車車両が展示されており、かつて青森と函館を繋いだ鉄道の姿をしのぶことができる。他方、摩周丸（函館市）には、空襲や洞爺丸沈没事故についての詳しい展示がある。青函航路で活躍した歴代の船の写真展示もあり、爆沈した浮島丸をみることができる。
> 　**青函連絡船メモリアルシップ八甲田丸**　青森市柳川一丁目112-15地先
> 　　　　　　　　　　　　　　　　　　TEL：017-735-8150
> 　**函館市青函連絡船記念館摩周丸**　函館市若松町12番地先　TEL：0138-27-2500

〈参考文献〉
加藤聖文『海外引揚の研究』岩波書店、2020年
坂本幸四郎『青函連絡船ものがたり』朝日文庫、1987年
島村恭則編『引揚者の戦後』新曜社、2013年
青函船舶鉄道管理局『青函連絡船史』1970年

コラム 6

アイヌ近現代史とセトラー・コロニアリズム

● アイヌ民族に対するマイクロアグレッション

　アイヌ施策推進法（2019年施行）は、アイヌ民族を「先住民族」と法的に位置づけ、アイヌ民族に対する差別禁止を明記した。ウポポイ（ウアイヌコロ　コタン；民族共生象徴空間）も開業した。漫画『ゴールデンカムイ』（野田サトル作、2014〜22年連載）も人気を博す。アイヌ民族・アイヌ文化に対する理解が進み、多文化共生社会が実現しつつあるようにみえる。

　しかし、日本テレビの朝の情報番組で、アイヌを「あ、犬！」と謎かけした差別発言があった（2021年3月12日放送）。スタッフは「アイヌ民族とはエスニックでかっこいい人たちと認識していたぐらいで、差別されてきた人々であるという知識はゼロだった」、「意図的に差別するつもりは全くなかった」という（放送倫理・番組向上機構〔BPO〕放送倫理検証委員会「日本テレビ『スッキリ』アイヌ民族差別発言に関する意見」2021年7月21日）。このような露骨な悪意を伴わず、多くの場合無意識に、あるいは冗談の形で伝えられる軽視や攻撃を含む態度を「マイクロアグレッション」という。露骨な差別に比べ、何が悪いのかがみえにくいために問題化しにくく、被害者の心身に深刻な影響を与える点に特徴があり、レイシャル・ハラスメント、人種差別の一種とされる。アイヌの人々を苦しめているのは、悪意に満ちたヘイトスピーチだけではないのである。

　国は、「スッキリ」での差別発言をふまえた再発防止に向けた取り組みの1つとして、修学旅行等でウポポイを活用しアイヌ理解を深めるよう、文部科学省を通じ各教育委員会等に働きかける通知（2022年3月9日付、3受文科初第1172

種類	マイクロアサルト （たいてい意識的）	マイクロインサルト （たいてい無意識）	マイクロインバリデーション （たいてい無意識）
定義	民族に関して明示的な軽蔑を含み、特定個人に対して相手を傷つけることを目的になされる暴力的な言葉や、非言語的行為による攻撃。蔑称で呼ぶ、避ける、差別目的の行為	無礼で気遣いのないコミュニケーション、民族的出自や文化の価値を下げる →知的能力を出自に帰する、二級市民扱い、異文化の価値観を異質視、犯罪者・犯罪者予備軍扱い	異人種の考え、感情、経験を排除、否定、無化 →よそ者扱い、文化や人種による違いを見えなくする、能力主義信仰、レイシズムの否認
発言例	「アイヌにしては日本語が上手だ」「あなたは彫りが深くないから本当のアイヌではない」	「現代人もアイヌに学ぶべき」「なんでアイヌは毛が濃いのか」	「開拓」「アイヌ語はすばらしいのに、なぜ使わないの」「差別などない」

マイクロアグレッションの種類

（杉本リヴ「ウポポイにおける来場者から職員へのマイクロアグレッションの事例」『アイヌ・先住民研究』第3号、2023年、52頁）

号）を出した。だが、それだけでは問題は解決しない。というのもウポポイでは、来場者によるマイクロアグレッションが頻繁に起こっており、アイヌの民族アイデンティティを持つ職員に直接向けられたわけでなくても耳に入ってしまう不快な言葉であふれ、それは修学旅行生によってもなされているからである（『アイヌ・先住民研究』第3号）。また、アイヌ差別を解消すべく熱心にアイヌ文化を教材化する教師であっても、アイヌの「伝統的世界観」を現代的な環境保護思想と安易に結びつけ、「自然と共生するアイヌ」というステレオタイプなアイヌ像を創出し強化してしまうことも、かねてより指摘されている（米田優子「学校教育における「アイヌ文化」の教材化の問題点について」『北海道立アイヌ民族文化研究センター研究紀要』第2号、1996年）。

和人の不理解はとてつもなく根深い。和人はアイヌの出自をもつ人々に寄り添っているつもりでも、実は無意識のうちにレイシスト（人種（差別）主義者）と化し、傷つけてしまっているのかもしれないということを自覚する必要がある。

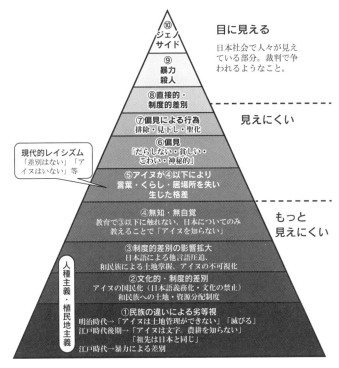

アイヌ民族に対する差別の構造（北原2023、130頁をもとに作成）

● 　セトラー・コロニアリズム　―「現在進行形の植民地主義」を可視化する―

　なぜ、これほどまでに、マジョリティである和人はアイヌ民族に対する差別・暴力に無自覚なのか。それは、差別の土台が不可視化されているからである。この不可視化された差別の構造を、北原モコットゥナシは前頁の図のように整理し、こう解説する。「差別の土台には、江戸時代から続く権利の侵害（植民地主義）と、それを支えてきた人種主義、それにより形成された和民族の特権と偏見があります。社会の多様性や近現代における加害を教育で扱わないことで無知・無自覚が生じ、格差の存在やその理由が理解されません。それにより偏見が拡大します。」（北原2023、130頁）

　そもそも私たちは、北海道が「植民地」だという認識をもっているだろうか。もとより、戦後歴史学は、北海道を「内国（国内）植民地」と位置づけてきた。だが、「内国」という言葉が示すとおり、北海道は国民国家の内部であることを暗黙の前提とし、「植民地」の台湾や朝鮮とは異なるが、「国内」の従属的な特殊地域と位置づけるにとどまった(塩出2014)。ゆえに、教科書は北海道を「植民地」と明記しない。植民地朝鮮で生まれ育ち、ポストコロニアルの問題群と格闘し続けた森崎和江でさえ、植民地主義を「今は地球上から消え果てた」としてアイヌ民族の問題を疎外してしまった（石原2022）。

　このように、植民地主義を「過去のもの」として歴史化するポストコロニアリズムでは先住民族を取り巻く「現在進行形の植民地主義」を可視化するには十分ではない。そこで生まれた新しい理論が「セトラー・コロニアリズム」（入植者植民地主義、定住型植民地主義）である。もとはアメリカやオーストラリアなど「新世界」の分析概念である。セトラー・コロニアリズムの国は、先住民族社会を「未開」とみなし、先住民族が先祖代々暮らしてきた土地を国際法で「無主地」（誰も住んでいない土地）と規定することで、その収奪を合法化して入植・定住し、先住民族を排除し建国された。さらに、先住民族の排除は、社会進化論にもとづいて創られた人種主義によって、「未開」社会の「劣等人種」を「救済」「保護」するのが「文明人」の使命だとされ正当化された。こうして、排除の結果生じた問題は、いずれ「自然淘汰」され「滅びゆく」運命にある「無知蒙昧」な先住民族自身に起因するものとして構造的に不可視化され、世代を超えて現在にいたるまで先住民族を苦しめ続けている。アイヌ近現代史研究でも、この概念を用い、和人による植民地主義と人種主義の暴力がアイヌ民族に対してどのように振るわれ、正当化され、隠蔽され、温存され、現在も当事者を苦しめ続けているか、不可視化された構造を鋭くえぐり出す研究が始まっており（『思想』第1184号など）、次頁上の表のような整理がある。

　セトラー・コロニアリズムによる分析の中心は近現代だが、19世紀前期の後

コラム6　アイヌ近現代史とセトラー・コロニアリズム

		対インディアン	対アイヌ
入植の主な目的		難民化したヨーロッパ人の新天地	対ロシア、棄民の新天地
排除の論理	身体的排除	伝染病、強制移住、混血化、ドーズ法	伝染病、強制移住、北海道旧土人保護法
	文化的排除	英語教育、自営農民化、キリスト教化	日本語教育、自営農民化、皇民化
	統計的排除	人口調査の不在	人口調査の不在、道内限定の調査
	内面化	ポカポンタス、スポーツマスコット	自衛隊のロゴ、スポーツチームユニフォーム
結果の事象例	貧困	自殺、幼児の死亡、アルコール依存症	低所得、生活保護受給、低学歴
	環境破壊	森林伐採、ダム開発、核実験	森林伐採、ダム開発
	差別	警察の暴力、行方不明者放置	単一民族発言、結婚の拒否、無知（道外におけるアイヌの知識不足）

インディアンとアイヌに対するセトラー・コロニアリズムの暴力（徳冨2024、176頁）

期場所請負制のもと、蝦夷地への出稼和人漁民の入域・定住が始まり、和人による事実上の定住社会が形成された地域が現れていく（和人進出によるアイヌ社会の変容は、榎森進『アイヌ民族の歴史』草風館、2007年、358頁以下参照）。ただし、アイヌが圧倒的な少数者となった地域であっても、明治初期の府藩県三治制下まではアイヌ語・アイヌ文化を前提とした秩序が機能しており、異文化

を組み込んだ個性的な在地社会も存在していた（谷本2024）。アイヌ語・アイヌ文化を前提とした支配は、拓殖政策が進み、右表のように全道的にアイヌ民族が圧倒的な少数者になっていくなかで廃止され、1899年には北海道旧土人保護法が制定される。こうして、「保護」と「救済」の名のもと、和人による入植者植民地主義・人種主義の暴力が制度化され不可視化されていく。

	アイヌ人口	全道人口	アイヌの割合
1873（明治6）	16,272	111,196	14.63%
1878（明治11）	17,098	191,172	8.94%
1883（明治16）	17,232	239,632	7.19%
1888（明治21）	17,062	354,821	4.81%
1893（明治26）	17,280	559,959	3.09%
1898（明治31）	17,573	853,239	2.06%
1903（明治36）	17,783	1,077,280	1.65%
1908（明治41）	18,017	1,446,313	1.25%
1913（大正2）	18,543	1,803,181	1.03%
1918（大正7）	17,619	2,167,356	0.81%
1923（大正12）	15,272	2,401,056	0.64%
1926（昭和元）	15,247	2,437,110	0.63%
1931（昭和6）	15,969	2,746,042	0.58%
1936（昭和11）	16,519	3,060,577	0.54%

明治〜昭和戦前期のアイヌ人口と全道人口の推移
（榎森進『アイヌ民族の歴史』草風館、2007年、429頁をもとに作成）

　一方で、アイヌ近現代史を被抑圧の歴史としてのみ捉えてしまうと、そうした厳しい構造のなかでアイヌ民族がとってきた主体的な対応を見落としてしまうことになる。セトラー・コロニアリズムが生まれる以前の先駆的研究として必読とされるリチャード・シドル『アイヌ通史』（マーク・ウィンチェスター訳、岩波書店、2021年、原著1996年）は、近世まで分散的な地域集団として存在していたアイヌが、明治以降、和人による「人種化」によって「劣等人種」

として蔑視され差別にさらされる共通の経験を通して「想像の共同体」としての「民族（ネーション）」として自覚を強め、戦後には海外の先住民族との交流を通して「先住民族」として成長していく、アイデンティティの創造的再構築過程を描き出している（坂田美奈子による書評『アイヌ・先住民研究』第2号、2022年も参照）。

　教科書では知里幸恵（ちりゆきえ）や違星北斗（いぼしほくと）らを特集しており、ここから教材化の道が開けそうである。ただし、知里や違星らの言葉は一見「同化」を肯定しているようにみえ、「（純粋な）アイヌはもういない」といった荒唐無稽なヘイトスピーチの論拠に悪用される例がある（岡和田2015）。だが、それは強要された日本語とその語彙を流用して、戦略的にアイヌの存続を試みたしたたかな抵抗である。切り取られた一部のみから短絡的に判断せずに、彼／彼女らの真意を丁寧に読み解きたい（坂田2018、平野2022などが道標となるだろう）。

　そして、アイヌ民族への暴力が現在進行形である以上、アイヌの出自をもち沈黙を余儀なくされ傷を負った現在の当事者一人ひとりの痛みの声を聴くことも必要である（石原2020；2021；2024）。石原真衣は、「アイヌの出自を持たなくともアイヌの側に立つことはできる」という。それは、「植民側が享受する利益と過去の不正義についての知識を持ち、アイヌが今日置かれている疎外や傷、トラウマを直視し、現在と未来において先住民としてのアイヌの回復を目指すことを共に達成する」アライ＊になることだ（石原2024、328～329頁）。脱植民地化に向け、今後のアイヌ史学習が目指すべき姿である。

　　＊アライ…英語で「同盟」や「仲間」を意味するAllyが語源で、LGBTQ＋をはじめとするマイノリティ当事者のことを理解し、支援のために行動する人のこと。

（大谷伸治）

〈参考文献〉
『アイヌ・先住民研究』第3号（特集「アイヌ民族に対するマイクロアグレッション」）、2023年
石原真衣『〈沈黙〉の自伝的民族誌』北海道大学出版会、2020年
石原真衣編著『アイヌからみた北海道150年』北海道大学出版会、2021年
石原真衣「地球上から消え果た植民地主義？」『現代思想』第50巻第13号、2022年
石原真衣ほか『アイヌがまなざす』岩波書店、2024年
岡和田晃ほか編『アイヌ民族否定論に抗する』河出書房新社、2015年
北原モコットゥナシ『アイヌもやもや』303BOOKS、2023年
坂田美奈子『先住民アイヌはどんな歴史を歩んできたか』清水書院、2018年
塩出浩之「北海道・沖縄・小笠原諸島と近代日本」『岩波講座　日本歴史』第15巻、岩波書店、2014年
『思想』第1184号（特集「北海道・アイヌモシㇼ」）、岩波書店、2022年
谷本晃久「一九世紀の蝦夷地と北方地域」荒木裕行ほか編『日本近世史を見通す3』吉川弘文館、2024年
徳冨雅人「アイヌとセトラー・コロニアリズム」『アイヌ・先住民研究』第4号、2024年
平野克弥「セトラーコロニアルな翻訳」磯前順一ほか編『ポストコロニアル研究の遺産』人文書院、2022年

あとがき

　2019年7月に前著『教科書と一緒に読む　津軽の歴史』を発刊することができた。正直なところ、津軽に視点を据えて歴史を見ると面白いのではないかといったいささか軽い気持ちで創り上げた書籍であった。しかし、発刊してみると、「教科書と一緒に読む」ということがよかったのか、執筆者一同が驚くほどの反響をいただいた。反響は青森県内にとどまらず、東京に暮らす津軽ご出身の方から感想のお便りをいただくほどであった。「次はぜひ南部の歴史」をといった具体的な声もいただいた。そうしたお声にお応えしてというわけでもないのだが、私たちの力量で実際に「南部の歴史」というコンセプトで書籍化できそうかの検討ミーティングを試みた。だが、議論のなかで出てきたのはいかにも「二番煎じ」といった感の否めないものであった。そのため、続編の発刊は難しいのではないかという空気が漂っていた。そのようなとき、「そもそも津軽とか南部といった地域概念を取り払って新しい視点、例えば津軽海峡に視点を置くのはどうだろう」という声があがった。それまでの「発刊困難」という空気が一変した。俄然、発刊に向けてのエネルギーが湧いてきたのである。

　津軽海峡ということになると、当然のこととして北海道からの執筆陣にも加わっていただく必要があった。「教科書と一緒に読む」ということを念頭に執筆いただけそうな方々に加わっていただき執筆にとりかかった。偶然にも、コロナ禍によるオンライン会議の定着は私たちの続編発刊に向けての動きを後押ししてくれることになった。オンラインを活用することで遠く離れたところにいる執筆者が一堂に会して編集会議を開くことも可能にしてくれた。プロットや原稿の検討など幾度かの編集会議を重ねたが、それは毎回編集会議というよりも「勉強会」といってもよいような性格のものであった。

　企画検討の段階から随分と時間がかかってしまったが、どうにか1冊の書籍として形にすることができた。今回の出版企画にあたっても弘前大学出版会の皆様には本当にお世話になった。この場を借りて深く感謝申し上げたい。また、地図の作成にご協力いただいた弘前学院大学の高橋未央氏、写真や図版の掲載を許諾していただいた関係機関の皆様にも深く感謝申し上げたい。

2024年10月　編著者一同

― 執筆者一覧 ―　　（50 音順、＊は編者）

市川晃義（いちかわ あきよし）
元北海道立高等学校教諭
弘前大学教育学部教科教育専攻社会科専修卒業。大学では地元である北海道の開拓史について研究し、高等学校での歴史教育の教材化を行った。

大谷伸治（おおたに しんじ）＊
弘前大学教育学部講師
専門は歴史学（日本近現代史、憲法思想史）。また、札幌の高校と小学校での現場経験があり、一国史的な日本史の枠組みを相対化する教材開発にも取り組んでいる。

金子勇太（かねこ ゆうた）
青森県立青森高等学校教諭
高校歴史科目の「歴史総合」や「日本史探究」における指導と評価の一体化を目指した授業づくりに取り組むとともに、地域教材を活用した授業実践を進めている。

川端裕介（かわばた ゆうすけ）
北海道八雲町立野田生中学校教頭
大学院では日本中世史を専攻し、『新羅之記録』の研究を進めた。現在は、中学校社会科の地域教材の開発や指導法の研究を行っている。

工藤　廉（くどう やすし）
弘前大学教育学部附属中学校教諭
民俗学・文化人類学に興味をもち、埋もれた地域の習俗や遺構・文化財などの発掘や価値づけを行うことで、まちづくりに活かせる社会科教材の研究に取り組んでいる。

國岡　健（くにおか たけし）
北海道恵庭南高等学校定時制課程教諭
大学、大学院共に一貫して自由民権運動、幕末明治維新史を学ぶ。現在は明治期の法制官僚と立憲主義について研究しつつ、高校現場で研究を活かした日本史の授業を模索している。

小瑶史朗（こだま ふみあき）＊
弘前大学教育学部教授
専門は社会科教育学・歴史教育論。子どもたちが主権者として育つ上で、歴史を学ぶことにはどのような意味・意義があるのかについて思索を重ねている。

佐藤一幸（さとう かずゆき）
弘前大学教育学部附属小学校教諭
大学院では日本中世史を専攻し、中・近世の城館についても研究を進めた。地域のもつ独自性と他地域との関連を意識しつつ、「ひと」に焦点を当てた授業開発に努めている。

篠塚明彦（しのづか あきひこ）＊
筑波大学附属学校教育局教授／前弘前大学教育学部教授
「地域から考える世界史」をテーマに、地域－日本－世界を往還する歴史教育のあり方について研究を進めている。中学校と高校との歴史教育の接続にも関心をもっている。

鈴木康貴（すずき やすたか）
青森県立田名部高等学校教諭
大学院では歴史学を専攻し、青森県の近現代について研究を進めた。地域史や北方史に関心を持ちながら、日々の授業への活用を考え、教材研究を行っている。

瀧本壽史（たきもと ひさふみ）＊
弘前大学教育推進機構特任教授／前弘前大学教職大学院教授
主に近世北奥地域と蝦夷地との関わりや本州アイヌについて研究を進めている。高校現場での経験を活かして地域教材の開発にも力を注いでいる。

谷本晃久（たにもと あきひさ）
北海道大学大学院文学研究院教授
職場では日本史学研究室で近世史を担当し、アイヌ・先住民研究センター、アイヌ共生推進本部の教員を兼務。アイヌ通史叙述の視点から、東北の歴史にも関心を持つ。

中野　悠（なかの ゆう）
青森県立柏木農業高等学校教諭
大学院では地域史を関連させた、近現代史の授業開発に取り組んだ。最近では、レリバンスをキーワードに「食」を題材にした戦後史の授業を実践した。

三浦晋平（みうら しんぺい）
青森県佐井村立佐井中学校教諭
青森県下北地域の中学校現場で教職経験を重ねつつ、地域の歴史を教材化する教育実践に力を注いできた。

教科書と一緒に読む　海峡地域の歴史
―津軽・下北・道南―

2025年3月17日　初版第1刷発行

編著者　大谷伸治・小瑤史朗・篠塚明彦・瀧本壽史

装丁者　弘前大学教育学部　佐藤光輝研究室
　　　　孫　暁儀

発行所　弘前大学出版会
〒036-8560　青森県弘前市文京町1
Tel. 0172-39-3168　Fax. 0172-39-3171

印刷・製本　小野印刷所

ISBN 978-4-910425-19-1